मिशन ओवरसीज़

विदेशी धरती पर भारतीय सेना के साहसिक अभियान

सुशांत सिंह

अनुवाद
अनुप कुमार भटनागर

juggernaut

जगरनॉट बुक्स

केएस हाउस, 118 शाहपुर जाट, नई दिल्ली 110049

प्रथम प्रकाशन: जगरनॉट बुक्स 2017

ISBN 9789386228291

टाइपसेट: एपीग्राफ़िक्स एंटरप्राइज़

मुद्रक: रेप्लिका प्रेस प्रा. लि., भारत

अनुकृति और अविरल को

अनुक्रम

प्रस्तावना

भारत के रक्षा मंत्री मनोहर पर्रिकर से दिसंबर, 2015 में उनकी दिसंबर, 2015 में पेंटागन में प्रथम सरकारी यात्रा के दौरान पूछा गया कि क्या उनकी सरकार मध्य पूर्व एशिया में आतंक बरपा रहे आईएसआईएस या दाएश नाम से प्रचलित संगठन इस्लामिक स्टेट से लड़ने के लिए अपने सैनिक उपलब्ध कराने के लिए तैयार है। इस सवाल से पर्रिकर कुछ असहज से नज़र आए जिसे उन्होंने यह कहते हुए टाल दिया कि भारत सिर्फ़ संयुक्त राष्ट्र के झंडे तले ही अपने सैनिकों को विदेश भेजता है।

'यही आधिकारिक रुख है जिसे भारतीय मंत्री, जनरल, राजनयिक बाहर दोहराते हैं। भारतीय सेना प्रमुख रेकॉर्ड पर कह चुके हैं कि भारतीय सैनिक अफगानिस्तान में नाटो सेना के साथ मिलकर नहीं लड़ सकते क्योंकि यह संयुक्त राष्ट्र का मिशन नहीं था। परंतु जैसा कि सभी को संदेह है, और जानते हैं, संयुक्त राष्ट्र तो बहुत बड़ा बहाना है। वैसे भी, भाजपा सरकार ने 2001 में तत्कालीन उपप्रधानमंत्री और गृहमंत्री लाल कृष्ण आडवाणी तथा अन्य के द्वारा अमेरिका से वायदा करने के बाद भारतीय सेना की एक ब्रिगेड लगभग इराक भेज ही दी गई थी। प्रधानमंत्री अटल बिहारी वाजपेयी की सोच इससे अलग थी और उन्होंने अंतिम क्षणों में कुछ बाध्यताओं का सहारा लेकर भारत को बुश के अमेरिका के साथ एक घुसपैठिया होने के कलंक से बचा लिया था।

इसके बावजूद यह भी सच्चाई है कि विदेश में सेवा देने वाले

अधिकांश भारतीय सैनिकों ने संयुक्त राष्ट्र के झंडे के तले ही ऐसा किया है। वास्तव में संयुक्त राष्ट्र के शांति बहाल करने वाले मिशनों में ब्लू हेलमेट्स के रूप में सेवा करने वाले 1,80,000 से अधिक पुरुषों – और हाल के वर्षों में महिलाओं – के सहयोग करने वाले दलों में भारतीय दल सबसे बड़ा है। लेकिन नई दिल्ली ने अपनी सेना को विदेशों में भेजने की स्वीकृति के लिए हमेशा ही संयुक्त राष्ट्र की ओर नहीं देखा है। 1971 के बांग्लादेश युद्ध को छोड़ दें, तो भी ऐसे कई अन्य उदाहरण हैं, जो लगभग अनकहे रह गए हैं। एक तरफ जहां पाकिस्तान के खिलाफ युद्ध और सैन्य कार्रवाई हमें लुभाती है, वहीं दूसरे देशों की धरती पर होने वाले फौजी ऑपरेशन हमारा ध्यान आकर्षित नहीं करते।

इन सैन्य कार्रवाइयों में सबसे अधिक चर्चित कार्रवाई ऑपरेशन पवन है। यह श्रीलंका में एलटीटीई के खिलाफ भारतीय शांति रक्षक बल (आईपीकेएफ) की 30 महीने लंबी कार्रवाई थी। यह पूरी तरह क्षेत्र से बाहर का ऑपरेशन था - सेना इसे ओवरसीज़ (समुद्रपारीय) मिशन के नाम से पुकारती है - जिसमें भारतीय सेना विदेशी भूमि पर विस्तारित अवधि के लिए संघर्ष करती है। दुर्भाग्य से, श्रीलंका में सैन्य कार्रवाई बहुत बड़ी त्रासदी के रूप में खत्म हुई और आईपीकेएफ अपने लक्ष्य को हासिल किए बगैर ही बाहर आ गई, यह भविष्य में किसी भी समुद्रपारीय मिशन में भारतीय सेना को शामिल करने के खिलाफ सबसे ज़ोरदार बहस का विषय बन गया। इराक, अफगानिस्तान और हाल ही में आईएसआईएस के खिलाफ कार्रवाई में भारतीय सेना को शामिल करने के प्रस्ताव पर ऑपरेशन पवन का

भूत मंडरा रहा था।

यह सही है कि श्रीलंका के उदाहरण में एक ज़ोरदार दलील निहित है, लेकिन अपनी सेना को विदेशों में भेजने की नई दिल्ली की अनिच्छा की वजह इससे भी कहीं आगे थी। हालांकि नरेंद्र मोदी की सरकार ने 2015 में म्यांमार के भीतर और 2016 में पाकिस्तान के कब्ज़े वाले कश्मीर में सीमित सैन्य कार्रवाई की थी, लेकिन भारत ने उस समय भी हस्तक्षेप नहीं किया — उसके युद्धपोतों और लड़ाकू विमानों ने सांकेतिक रूप से भी अपनी ताकत का प्रदर्शन नहीं किया — जब लोकतांत्रिक तरीके से निर्वाचित मालदीव के राष्ट्रपति मोहम्मद नशीद का 2012 में उनके राजनीतिक प्रतिद्वंद्वियों द्वारा बगावत करके तख्ता पलट किया गया था। 2012 की तरह ही नशीद ने 2015 में एक बार फिर मदद के लिए भारत की ओर देखा जब उन्हें मालदीव के आतंकवाद निरोधक कानून के तहत 'दोषी' ठहराए जाने के बाद सलाखों के पीछे डाल दिया गया था। परंतु भाजपा सरकार ने हस्तक्षेप नहीं करने की संप्रग नीति का ही पालन किया।

नशीद ने बड़ी उम्मीदों के साथ दो बार भारत की ओर देखा, और वह भी वैध वजहों से। 1988 में उनके चाचा मौमूल अब्दुल गयूम मालदीव के राष्ट्रपति थे जब श्रीलंकाई विद्रोहियों की मदद से विद्रोह का प्रयास किया गया था। राष्ट्रपति गयूम ने पाकिस्तान, श्रीलंका और अमेरिका सहित कई देशों को मदद के लिए आपात संदेश भेजा था। परंतु किसी अन्य की प्रतिक्रिया होने से पहले ही प्रधानमंत्री राजीव गांधी ने तत्परता के साथ भारतीय पैराट्रूपर दल मालदीव की राजधानी माले भेजने की पहल की। इसका कूट नाम ऑपरेशन कैक्टस रखा

गया। यह एक त्वरित, छोटी और सर्जिकल कार्रवाई थी। इसने नागरिक सरकार और बाकी स्थितियों को बहाल करने का लक्ष्य हासिल किया। इस कार्रवाई के नतीजे एकदम सटीक थे परंतु इसकी तैयारी उतनी अच्छी नहीं थी। ऑपरेशन कैक्टस के पीछे की कहानी इससे पहले कभी भी पूरी नहीं बताई गई। मैं खुशनसीब था जो मुझे पैराशूट ब्रिगेड के अधिकारी की कार्रवाई के बाद की रिपोर्ट हाथ लगी, ब्रिगेडियर फारूक 'बुल' बलसारा के व्यक्तिगत संस्मरण और इस आपातकालीन मिशन में शामिल होने वाले आधा दर्जन मुख्य लोगों के साक्षात्कार से पूरी तस्वीर सामने आई।

सभी सफल सैन्य कार्रवाइयों में किस्मत ने बड़ी भूमिका निभाई थी। यदि आप टूरिस्ट मानचित्र और कॉफी टेबल बुक और दूसरे विश्व युद्ध की खुफिया जानकारी के आधार पर विदेशी ज़मीन पर सैन्य कार्रवाई करते हैं तो ऐसे में अच्छी किस्मत होना विशेषरूप से महत्वपूर्ण है। परंतु किस्मत के साथ ही उसके साहसी सैन्य कमांडर ब्रिगेडियन बलसारा और माले में भारतीय उच्चायुक्त ए.के. बनर्जी की इसमें सहयोगी भूमिका भी सही दिशा में सैन्य कार्रवाई में मददगार थी। इस सबसे अधिक महत्वपूर्ण सीमित सूचना होने के बावजूद राजनीतिक नेतृत्व की कड़ा फैसला लेने के प्रति उत्सुकता थी। निर्णय लेने की प्रक्रिया प्रधानमंत्री कार्यालय में केंद्रित थी जहां रोनेन सेन ने अहम भूमिका निभाई। परंतु सेन के अनुसार जिस व्यक्ति ने इसे संभव बनाया वह थे विदेश मंत्रालय में मालदीव के प्रभारी एवं तत्कालीन संयुक्त सचिव कुलदीप सहदेव।

यह कल्पना करना अब मुश्किल है, परंतु माले में विद्रोह के बारे में

उस दिन तड़के खबर मिलते ही, सहदेव ने सबसे पहले भारतीय वायु सेना को विमान तैयार रखने के लिए फोन किया। इसके बाद ही उन्होंने प्रधानमंत्री कार्यालय से बात की और सवेरे नौ बजे विदेश मंत्रालय का कार्यालय खुलने के बाद ही विदेश सचिव से संपर्क किया। पड़ोसी देश में सामरिक चुनौतियों और भारत की भूमिका के बारे में सेना और नौकरशाही का दृष्टिकोण एकदम साफ था। वे जानते थे कि मालदीव में विद्रोह जैसी स्थिति में, जो एक ऐसी परिस्थिति थी जिसके बारे में आज के नीति नियोजक सिर्फ़ सोच ही सकते हैं, राजनीतिक नेतृत्व क्या निर्णय लेगा। यदि ऑपरेशन कैक्टस के बारे में मीडिया की कवरेज वास्तव में प्रशंसनीय थी, तो श्रीलंका में आईपीकेएफ की कार्रवाई के बारे में मीडिया की भूमिका उतनी ही अस्पष्ट और नुकसान पहुंचाने वाली थी। कोलंबो में भारतीय और विदेशी पत्रकारों की टोली ने भारतीय ब्रीफिंग को 'पांच बजे की नादानियां' कहकर पुकारना शुरू कर दिया था। यह वियतनाम के साइगॉन में अमेरिकी सेना द्वारा की जाने वाली ब्रीफिंग की याद दिलाती थी। यह कई मायने में इस पर सटीक बैठती थी, क्योंकि श्रीलंका निश्चित ही भारत का वियतनाम बन गया था।

अनियमित और एक पेशेवर सेना के बीच टकराव की स्थिति में, अगर अनियमित लड़ाके संघर्ष में बच निकले तो उनको विजयी माना जाता है। तमिल टाइगर्स निश्चित ही बचने में कामयाब थे और श्रीलंका में चलाए गए ऑपरेशन पवन, जैसा उसे नाम दिया गया था, की शुरुआत में भारतीय सेना ने दंभ के साथ टाइगर्स का एक सप्ताह के भीतर सफाया कर देने की घोषणा की थी, परंतु अब नई दिल्ली में यही

भूत बनकर उसे परेशान कर रहा था। श्रीलंका में भारतीय सैन्य कार्रवाई को लेकर देश के भीतर जनता के बीच या राजनीतिक हलके में बहुत ही कम समर्थन मिला था। देश समझ ही नहीं सका कि सबसे पहले तो एक सीमा से आगे हमारे सैनिक एक दूसरे देश में क्यों हैं, इसने परवाह करना ही छोड़ दिया। श्रीलंका की राजनीति में गहरी दिलचस्पी रखने वाले अकेले भारतीय राज्य तमिलनाडु में एलटीटीईई के खिलाफ सैन्य कार्रवाई का ज़बर्दस्त विरोध था।

अत: विश्वनाथ प्रताप सिंह के नेतृत्व में राजीव गांधी के राजनीतिक विरोधियों ने आईपीकेएफ को वापस बुलाने का वायदा किया, और 1989 में संयुक्त मोर्चा की सरकार बनने के बनने के बाद उन्होंने इस वायदे को पूरा किया। भारतीय जनता पार्टी और वाम दलों द्वारा समर्थित इस गठबंधन का कोई भी नेता भारतीय सेना के दिल्ली में पालम हवाई अड्डे पर पहुंचने पर उसकी अगुवानी के लिए नहीं गया।

उस समय के नीति निर्धारकों ने दो दावों के साथ ऑपरेशन पवन को न्यायोचित ठहराया। पहला तर्क यह था कि वे भारत के पड़ोसी देश में हस्तक्षेप करने से दूसरी विदेशी ताकतों को रोकने में कामयाब रहे और दूसरा तर्क यह था कि भारत ने यह सुनिश्चत कर दिया कि श्रीलंका एक देश बना रहे। दोनों तर्कों में दम है, हालांकि भारत ने अपनी सेना की प्रतिष्ठा पर धब्बा लगने की कीमत राजीव गांधी की हार से अदा की जो उतनी ही बड़ी कीमत थी।

हालांकि मालदीव ऑपरेशन के बारे में शायद ही कोई अधिकृत सामग्री उपलब्ध है, परंतु आईपीकेएफ के श्रीलंका अभियान के बारे में बहुत विस्तार से लिखा गया है – इस संबंध में किताबें, विशेष लेख,

संस्मरण, पर्चे और लेख बहुतायत हैं। हालांकि ऑपरेशन पवन के शुरुआती दिनों के बारे में कम ही लिखा गया है, यह वह प्रारंभिक झड़प थी जिसने एलटीटीई द्वारा भारतीय सेना के समक्ष पेश की जाने वाली बड़ी चुनौती का संकेत दिया था। इस ऑपरेशन के शुरू होने से पहले सालों तक एलटीटीई को भारत ने आर्थिक मदद देने के साथ ही उन्हें प्रशिक्षित और तैयार किया था। श्रीलंका में प्रभाकरण और एलटीटीई को भारत की उपज माना जाता था और उनसे नई दिल्ली की नाफरमानी करने की अपेक्षा किसी को भी नहीं थी। एलटीटीई और आईपीकेएफ में रिश्ते बिगड़ने के बाद आईपीकेएफ द्वारा एलटीटीई के कैदियों को श्रीलंका की सेना को सौंपे जाने की घटना ने पहले से ही बिगड़ रहे रिश्तों को खत्म कर दिया। भारतीय सेना ने एलटीटीई का मुख्यालय जाफना पर कब्ज़ा करने का फैसला किया। एक साहसिक कार्रवाई में भारतीय सेना ने अपनी एक पैदल कंपनी को रात में जाफना विश्वविद्यालय के मैदान में उतारने का निश्चय किया। भारतीय सेना के विशिष्ट पैरा कमांडो बटालियन, 10 पैरा को हेलीकॉप्टर से होने वाले इस अभियान के नेतृत्व की ज़िम्मेदारी सौंपी गई थी। नियोजन से लेकर इस पर अमल तक यह ऑपरेशन बुरी तरह विफल रहा था। जाफना विश्वविद्यालय की इमारतों में मोर्चा संभाले एलटीटीए के लड़ाकुओं ने विश्वविद्यालय तक भारतीय सैनिकों को ले जाने वाले भारतीय वायु सेना के हेलीकॉप्टर मार गिराए, इस दौरान पैदल बटालियन के सिर्फ़ 32 जवान ही वहां उतर सके और वे भी लंबे समय तक जीवित नहीं रहे। इन पैरा कमांडो को एलटीटीई के लड़ाकों ने विश्वविद्यालय के निकट ही पड़ोस की रिहाइशी बस्ती में घेर लिया।

इन पैरा कमांडो की 37 घंटे से अधिक समय की कहानी इससे पहले कभी बताई नहीं गई। टैंकों को ध्वस्त कर दिया गया, बचाव दल का नेतृत्व कर रहे वरिष्ठ अधिकारियों को विद्रोहियों के निशानेबाज़ों से बाहर निकाल लिया और एलटीटीई के लड़ाके निष्ठुरता के साथ लगातार भारतीय सैनिकों पर धावा बोल रहे थे। इस प्रकरण ने यह धारणा भी हमेशा के लिए खत्म कर दी कि लुंगी पहनने वाले एलटीटीई के लोग कभी लड़ नहीं सकते।

सारा समाज सेना की विजय का जश्न मनाता है और समय के साथ धीरे-धीरे सेना के साथ घटी विनाशकारी घटनाओं को भूल जाता है। परंतु विनाशकारी घटनाएं भविष्य के लिए बड़ा सबक होती हैं। इसीलिए जाफना विश्वविद्यालय ऑपरेशन का अध्ययन महत्वपूर्ण है, हालांकि यह कोई सुखद तस्वीर नहीं है।

इस पुस्तक में शामिल अंतिम समुद्रपारीय मिशन कई मायनों में दो अन्य से भिन्न है। यह मिशन 1980 के दौर में नहीं बल्कि 2000 में संपन्न हुआ था। यह हमारे पड़ोस में नहीं था बल्कि 10,000 किलोमीटर दूर अफ्रीका में था। यह संयुक्त राष्ट्र के तत्वाधान में हुआ था और यह दूसरे देशों की सेनाओं के साथ मिलकर कार्रवाई करने से संबंधित था। परंतु एक मायने में यह भी भारतीय सेना का ही ऑपरेशन था। यह ऑपरेशन 223 भारतीय सैनिकों को छुड़ाने के लिए किया गया था जिन्हें सियेरा लियोन में विद्रोहियों द्वारा 75 दिनों तक बंधक बनाकर रखा गया था। सियेरा लियोन में संयुक्त राष्ट्र की सेना के कमांडर एक भारतीय जनरल, मेजर जनरल वी.के. जेटली थे। इस ऑपरेशन में शामिल सैन्य बलों में, विशेषकर मुख्य सैन्य कार्रवाई के लिए, अधिकांश

भारतीय थे और ऑपरेशन खुकरी शुरू करने की अंतिम स्वीकृति नई दिल्ली में साउथ ब्लॉक द्वारा ही दी गई थी।

यह कार्रवाई हालांकि सैन्य विजय थी परंतु सैन्य कार्रवाई से पहले का घटनाक्रम राजनीति, कूटयुक्ति और कूटनीतिक चालबाज़ियों के बारे में एक सबक था। बल के कमांडर जेटली को अपने ऑपरेशन की योजना को संयुक्त राष्ट्र के दूसरे अधिकारियों से एकदम गोपनीय रखने के लिए अतिरिक्त प्रयास करने पड़े क्योंकि उन्हें इसके लीक होने और इसके साथ समझौता किए जाने की आशंका थी। स्पष्ट रूप से भारत अपने दम पर था: अमेरिका और ब्रिटेन ने बंधक बनाए गए भारतीय सैनिकों को छुड़ाने में मदद से साफ इन्कार कर दिया था और दिल्ली की इस असहज स्थिति से नाइजीरियाई काफी खुश लग रहे थे और ऐसा लगता था कि संयुक्त राष्ट्र महासचिव कोफी अन्नान ऑपरेशन खुकरी से दूरी बनाकर रखना चाहते थे। भारतीय सैनिकों को छुड़ाने के लिए सैन्य कार्रवाई करने के फोर्स कमांडर के अनुरोध के जवाब में उन्होंने जेटली से कहा कि उन्हें किसी भी तरह का निर्णय लेना चाहिए। जनरल जेटली ने अंततः भारत सरकार के समर्थन से बैल को उसके सींगों से ही पकड़ने का निश्चय किया और इसमें असाधारण सफलता हासिल की।

वे लोग, जो समुद्रपारीय कार्रवाई में भारतीय सेना के लिए संयुक्त राष्ट्र के झंडे के अंतर्गत और बहुराष्ट्रीय सेना की वकालत करते हैं, उन्हें ऑपरेशन खुकरी का अध्ययन करने की ज़रूरत है। नीले हेल्मेट पहनने की वजह से उत्पन्न विवशताएं-दूसरे देशों की संवेदनाएं और राजनीति और निष्ठा का मकड़जाल जो दूसरे राष्ट्रों की सेनाओं और सरकारों की

प्रेरणा तय करता है, सबसे सरल काम को भी बेहद पेचीदा बना सकती हैं। इस सबक को ध्यान में रखते हुए ही भारत सरकार ने यह सुनिश्चित किया कि 2001 में इराक भेजे जाने की स्थिति में उसकी तैनाती की योजना में भारतीय सेना को अकेले ही एक अलग कुर्द के प्रभाव वाले क्षेत्र की ज़िम्मेदारी सौंपी जाए। इस तरह वह उन समस्याओं से बच जाएगी जिनका उसने सियेरा लियोन में सामना किया था।

जैसे-जैसे भारत एक बड़ी शक्ति, विशेषकर पड़ोसियों में, बनता जा रहा है, वह समय दूर नहीं जब भारतीय सेना को फिर समुद्रपार कार्रवाई करनी पड़ सकती है। यह भी एक तथ्य है कि मौजूदा समय में नज़र आ रही राजनीतिक इच्छा शक्ति का अभाव बहुत तेज़ी से बदलेगा। परंतु सैन्य क्षमताओं के सृजन और समुद्रपारीय कार्रवाई के लिए सही मानसिकता के लिए यह बदलाव धीमा होगा। एकबार इन पहलुओं को जोड़ लिया गया तो हमारे निर्णय लेने वालों को संयुक्त राष्ट्र के मिशन की आड़ नहीं लेनी पड़ेगी, यदि हमारे सामरिक हितों को एक विशेष प्रकार की कार्रवाई की आवश्यकता होती है तो ऐसा किया जाएगा। यदि ऑपरेशन कैक्टस, पवन और खुकरी को ध्यान में रखते हुए समुद्रपारीय ऑपरेशन के लिए भारतीय सेना को तैयार करने की आवश्यकता पर विचार-विमर्श शुरू की जाती है तो यह पुस्तक इस उद्देश्य को पूरा करेगी।

अंत में, इन तीन सैन्य कार्रवाइयों में एक और समान बिंदु यह है कि इस संबंध में आधिकारिक रूप से भारतीय सेना के इतिहास को अभी तक सार्वजनिक नहीं किया गया है। इस इतिहास को दबा कर रखने का कोई वैध और तर्कसंगत कारण नहीं है और मैं पूरी संजीदगी के

साथ आशा करता हूं कि यह पुस्तक सरकार को भारतीय सेना के आधिकारिक इतिहास की गोपनीयता खत्म करने के लिए प्रेरित करेगी। आधिकारिक इतिहास हो या नहीं, परंतु ये सैन्य कार्रवाई स्वतंत्र भारत के इतिहास का अभिन्न अंग हैं। ये आज भी हमारे लिए हितकारी सबक हैं और इसलिए ये पढ़ने योग्य हैं। खुशी से पढ़ें।

ऑपरेशन कैक्टस

मालदीव में एक असंभव अभियान

तीन नवंबर, 1988 के तड़के सुबह मालदीव में ज़बर्दस्त विद्रोह हुआ। मालदीव के राष्ट्रपति ने अपने गुप्त भूमिगत सुरक्षा आवास से भारत को आपात संदेश भेजा, जिस पर प्रधानमंत्री राजीव गांधी तत्परता से उनकी मदद के लिए आगे आए और भारतीय सशस्त्र बलों ने अब तक की बेहद दुस्साहसिक कार्रवाई की। यह भारत की सशस्त्र सेना का सबसे अधिक गौरवशाली क्षण था जिसमें एक तेज़तर्रार ब्रिगेडियर, हतप्रभ राजदूत, जांबाज़ पैराट्रूपर के एक दल और अनुभवी पायलट और नौसेना के एक बहादुर कैप्टन ने साथ मिल कर असंभव को संभव बनाया।

इस घटना को 27 साल हो चुके हैं, परंतु स्मिता प्रकाश अभी भी 3 नवंबर, 1988 की घटनाओं को ऐसे याद करती हैं मानो वो कल ही हुई थीं। यह उनके विवाह का दिन था। वर और वधु के बीच माला का आदान-प्रदान की रस्म जयमाल के बीच में ही उन्होंने महसूस किया कि मेहमानों की संख्या कम होनी शुरू हो गई है।

स्मिता के पिता राम मोहन राव प्रधानमंत्री कार्यालय में प्रधान सूचना अधिकारी थे। वह शाम साढ़े छह बजे तक काम कर रहे थे और वह कुछ समय पहले ही विवाह स्थल पर पहुंचे थे जबकि वर संजीव और उनकी बरात रस्मों के लिए रात आठ बजे पहुंची। संजीव भारत में एनबीसी न्यूज़ के संवाददाता थे, स्मिता भी पत्रकार थीं। इसलिए विवाह में उपस्थित अतिथियों में बड़ी संख्या में प्रेस के सदस्य शामिल थे।

स्मिता याद करते हुए बताती हैं, 'मैंने चारों ओर नज़र डाली, लोगों को जाते देखा और संजीव से पूछा, "क्या हो रहा है?" '

अतिथियों ने सोचा कि वे कुछ प्रेम भरी बातें फुसफुसा रहे हैं, संजीव ने स्मिता से कहा कि मालदीव में विद्रोह हो गया है और सूचना सलाहकार तथा प्रधानमंत्री कार्यालय में प्रवक्ता जी पार्थसारथी विवाह में आए और मालदीव में की जा रही सैन्य कार्रवाई की कवरेज के लिए वहां से पत्रकारों को एकत्र कर रहे थे। जून 1984 में ऑपरेशन ब्लू स्टार के दौरान जो कुछ हुआ था, सरकार उसको दोहराना नहीं चाहती थी। उस समय, मीडिया को पूरी तरह अंधेरे में रखते हुए भारतीय सेना अमृतसर में सिखों के सबसे पवित्र धार्मिक स्थल, स्वर्ण मंदिर को आतंकवादियों से मुक्त कराने गई थी। पत्रकारों की अनुपस्थिति के कारण बेपरवाह अफवाहें फैल रही थीं और इस ऑपरेशन को लेकर

बेहद तनावपूर्ण और अत्यधिक नकारात्मक माहौल बना हुआ था, जिसका अंजाम अंततः प्रधानमंत्री इंदिरा गांधी की अपने ही सिख सुरक्षा कर्मियों द्वारा हत्या के रूप में सामने आया।

पार्था के नाम से पुकारे जाने वाले जी पार्थसारथी भारतीय विदेश सेवा के सेवानिवृत्त अधिकारी हैं जो अब विभिन्न प्रबुद्ध मंडलों (थिंक टैंक) के साथ अपना समय बिताते हैं और टेलीविज़न के जाने-पहचाने चेहरे हैं। वह याद करते हैं कि इस मुद्दे पर ज़बर्दस्त मतभेद था कि मीडिया को मालदीव ऑपरेशन का गवाह बनाना चाहिए या नहीं। अंततः प्रधानमंत्री राजीव गांधी ने उस दिन दोपहर बाद साढ़े तीन बजे इसके लिए एक मज़बूत फैसला लिया। पार्था को रक्षा सचिव टीएन शेषन, जो बाद में देश के सबसे चर्चित और सख्त मुख्य निर्वाचन आयुक्त बने, की उपेक्षा करते हुए पत्रकारों के लिए सीधे भारतीय वायु सेना का एक विमान मंगाया जाना याद है। पार्था पेचीदगी भरे मीडिया के प्रबंधन में व्यस्त हो गए और प्रधानमंत्री का उनके लिए एक विशेष निर्देश था। राजीव गांधी ने उने कहा, 'टाइम क्षेत्रीय ताकत के रूप में भारत के उदय होने के बारे में एक बडी स्टोरी कर रहा है। कृपया यह सुनिश्चित कीजिए कि टाइम का पत्रकार रॉस एम्रो, जो स्टोरी के सिलसिले में मुझसे मिला था, विमान में जाए।' पार्था ने एम्रो को फोन किया और उससे कहा कि वह सीधे आगरा में खेरिया हवाई अड्डे पहुंचे जहां पहले ही उसे आने देने संबंधी निर्देश दे दिए गए थे। उन्होने स्मिता के विवाह समारोह स्थल से सभी पत्रकारों, फोटोग्राफरों और वीडियो कैमरामेन को एकत्र किया और बेचारे वर-वधु को अधिक हर्षोल्लास के बगैर ही विवाह समारोह मनाने के लिए छोड़ दिया।

फिलहाल एएनआई की संपादक स्मिता को इस बात का आज भी मलाल है कि बहुत देर बाद एक दूसरा वीडियोग्राफर आने तक उनके विवाह समारोह की कोई वीडियो रेकॉर्डिंग नहीं हुई थी।

वो आज भी बहुत अफसोस के साथ याद करती हैं, 'विवाह की रस्में पूरी होते ही, पिता जी सीधे प्रधानमंत्री कार्यालय में काम पर लौट गए।'

~

संभव है कि प्रधानमंत्री कार्यालय में बहुत हलचल रही हो लेकिन वास्तव में अधिकांश कार्रवाई प्रधानमंत्री के आवास, 7 रेस कोर्स के कार्यालय परिसर में हो रही थी। 7 आरसीआर (इसे आमतौर से इसी नाम से जाना जाता है) एक बंगला नहीं बल्कि दिल्ली के लुटियंस क्षेत्र में 12 एकड़ का परिसर है जिसमें पांच बंगले हैं। 10 डाउनिंग स्ट्रीट की तरह 7 आरसीआर में प्रधानमंत्री का औपचारिक कार्यालय नहीं है परंतु इसमें प्रधानमंत्री सचिवालय के स्टाफ के काम के लिए एक छोटा का कार्यालय स्थल है।

भारतीय विदेश सेवा के अधिकारी रोनेन सेन, जो बाद में संयुक्त राष्ट्र में भारत के राजदूत बने और जिन्होंने उतार-चढ़ाव वाले भारत-अगेरिका परमाणु करार में महत्वपूर्ण भूमिका निभाई, कई सालों तक प्रधानमंत्री कार्यालय में संयुक्त सचिव थे। उन्हें राजीव गांधी के पसंदीदा अधिकारियों में से एक माना जाता था और अपने पूर्ववर्ती और उत्तराधिकारियों से इतर उनकी प्रधानमंत्री तक अप्रत्याशित रूप से सीधी पहुंच थी।

शांत स्वभाव वाले सेन तीक्ष्ण बुद्धि वाले व्यक्ति थे जिनका दृष्टिकोण

और दृढ़ विचार प्रधानमंत्री कार्यालय में 1960 से 1990 के उनके अनुभवों की देन थे। प्रधानमंत्री कार्यालय में इंदिरा गांधी के निकट सहयोगी और विश्वसनीय पीएन धर के विशेष सहायक के रूप में वह 1971 में भारत-पाकिस्तान युद्ध और बांग्लादेश की आज़ादी के साथ-साथ 1974 में भारत के पहले परमाणु परीक्षण के साक्षी थे। सेन उन दिनों को याद करते हुए कहते हैं, 'राजीव गांधी के प्रधानमंत्री कार्यालय में, मुश्किल से मेरा 15 प्रतिशत समय ही विदेश नीति पर लगा। मेरा अधिकांश समय विदेश मंत्रालय के कार्यों से आगे जाकर – अंतरिक्ष, परमाणु उर्जा, सुरक्षा – जैसे मुद्दों पर लगा क्योंकि मैं प्रधानमंत्री के लिए गुप्तचर एजेंसियों को देख रहा था।'

तीन नवंबर, 1988। वह याद करते हैं कि तड़के सुबह एक फोन कॉल से वह उठे। यह फोन विदेश मंत्रालय में संयुक्त सचिव (बीएसएम) कुलदीप सहदेव का था जिन्होंने उन्हें मालदीव में विद्रोह की सूचना दी थी। बीएसएम का मतलब था बर्मा, श्रीलंका और मालदीव और राजीव गांधी सम्मेलनों में सहदेव से यह चुटकी लेने का आनंद लेते थे कि उनकी निगरानी वाले प्रत्येक देश में समस्या है।

सहदेव उस ज़िम्मेदारी को अपने कार्यकाल की एक सबसे बड़ी चुनौती भरी और रोमांचक ज़िम्मेदारी के रूप में याद करते हैं। श्रीलंका में लिबरेशन टाईगर्स ऑफ तमिल ईलम (एलटीटीई) के खिलाफ आईपीकेएफ की कार्रवाई पूरे ज़ोर से चल रही थी और दूसरी ओर 1988 में बर्मा में आंग सान सू की की वापसी और सैन्य जुंटा के खिलाफ़ उनका आंदोलन, ये अशांति वाला काल था।

हिंद महासागर में दूर स्थित द्वीपसमूह मालदीव की राजधानी, माले

में भोर से पहले की खामोशी को उस दिन मशीनगन, रॉकेट और हथगोलों के धमाकों ने तोड़ा। एक शांतिप्रिय देश पर, जिसके पास सही तरीके से सेना भी नहीं थी, समुद्री मार्ग से छापामारों ने हमला कर दिया था। छापामारों ने राष्ट्रपति के आवास और मालदीव की राष्ट्रीय सुरक्षा सेवा (एनएसएस) के मुख्यालयों सहित चुनिंदा प्रतिष्ठानों को अपना निशाना बनाया और रेडियो तथा टीवी स्टेशन जैसी महत्वपूर्ण सरकारी इमारतों पर कब्ज़ा कर लिया और माले की विद्युत तथा जल आपूर्ति व्यवस्था को बंद कर दिया था।

आधे घंटे बाद ही सहदेव को कार्यवाहक उच्चायुक्त से दुबारा फोन मिला। इस बार यह अत्यावश्यक था। उन्होंने इस बात की पुष्टि की कि माले पर हमला हुआ है और जानना चाहा कि क्या भारत को इसमें मदद करनी चाहिए। इस घटना की जानकारी के बारे में उनका स्रोत मालदीव के तत्कालीन विदेश सचिव इब्राहिम हुसैन ज़की थे।

इन छापामारों की पहचान बाद में श्रीलंका के भाड़े के तमिल विद्रोहियों के रूप में हुई जो उमा महेश्वरन के नेतृत्व वाले पीपुल्स लिबरेशन ऑर्गेनाइज़ेशन ऑफ तमिल ईलम (पीएलओटीई) के सदस्य थे। इस संगठन को प्रारंभ में भारतीय गुप्तचर एजेंसियां ही एलटीटीई के खिलाफ़ खड़ा करने के लिए धन मुहैया कराती थीं। मालदीव में विद्रोही हमला करने वाले समूह को मालदीव के एक असंतुष्ट आप्रवासी अब्दुल्ला लुतूफी और उसके सहयोगी सिक्का अहमद इस्माइल माणिक ने धन मुहैया कराने के साथ ही उनकी भर्ती की थी और हथियार तथा इसका प्रशिक्षण दिया था। अस्सी छापामारों का यह दल एक मालवाहक जहाज़ से स्पीडबोट लेकर भोर पहर में माले

पहुंचा था। पीएलओटीई के कई अन्य भाड़े के सैनिक पहले ही पर्यटकों के भेष में मालदीव पहुंच चुके थे।

एक इस्लामिक विद्वान और क्रिकेट के शौकीन राष्ट्रपति गयूम उस समय 50 साल के थे। छोटे कद के गयूम 1978 से राष्ट्रपति थे और उनका बहुत सम्मान था। राष्ट्रपति के रूप में यह उनका लगातार तीसरा कार्यकाल था। मालदीव में अप्रत्यक्ष तरीके का लोकतंत्र था जहां मजलिस (संसद) राष्ट्रपति का चुनाव करती थी जिसका चयन जनता आम सहमति से करती थी। मजलिस के लिए प्रत्यक्ष मतदान या चुनाव नहीं होता था।

3 नवंबर को राष्ट्रपति गयूम को भारत आना था और षड्यंत्रकारियों ने उस समय हमला करने की योजना बनाई थी जब वह देश से बाहर होंगे। उन्हें उनकी यात्रा के कार्यक्रम की जानकारी लीक कर दी गई थी। गयूम को दिल्ली लाने के लिए भेजा गया भारतीय विमान अभी रास्ते में ही था, जब यह यात्रा रद्द की गई। राजीव गांधी को अचानक ही चुनाव प्रचार के सिलसिले में दिल्ली से बाहर जाना पड़ा था और उन्होंने तथा गयूम ने फिलहाल ये यात्रा स्थगित करने का निर्णय किया। इससे विचलित हुए बगैर ही विद्रोहियों के सरगनाओं ने अपनी योजना के मुताबिक आगे बढ़ने का निश्चय किया।

~

माले में भारत के उच्चायुक्त ए.के. बनर्जी गयूम की यात्रा के कार्यक्रम से दो दिन पहले ही दिल्ली पहुंच गए थे – जब कभी भी किसी देश या सरकार के प्रमुख भारत की यात्रा पर आते हैं तो शिष्टाचार के तहत भारतीय दूत की उपस्थिति आवश्यक होती है। गयूम की भारत यात्रा

स्थगित होने की वजह से बनर्जी ने भारत में अपने परिवार के साथ कुछ समय बिताने के लिए कुछ दिन की छुट्टी ले ली थी। वह मालदीव में एक साल से अधिक समय, 21 जुलाई 1987 से भारत के उच्चायुक्त थे और गयूम को अच्छी तरह जानते थे। वे उनके साथ नियमित रूप से क्रिकेट भी खेलते थे।

विनम्र स्वभाव के व्यक्ति, बनर्जी अब सेवानिवृत्त राजनयिक हैं जो महसूस करते हैं कि उन्हें सरकार से उचित प्रतिदान नहीं मिला। उस दिन वह दिल्ली के डिफेंस कालोनी में अपने पिता के घर थे और उनका कार्यक्रम साउथ ब्लॉक स्थित विदेश मंत्रालय जाने का था।

बनर्जी उस घटना को याद करते हुए बताते हैं, 'मैं घर पर रज़ाई में लिपटा आराम से सो रहा था, जब मुझे 3 नवंबर की सुबह करीब साढ़े छह बजे एक टेलीफोन ने जगा दिया। टेलीफोन करने वाला व्यक्ति माले में उच्चायोग से मेरा सचिव था। उसने मुझे बताया कि सुबह साढ़े चार बजे से ही लगातार गोलीबारी हो रही है और सड़कों पर बंदूकधारी घूम रहे हैं। उन्होंने राष्ट्रीय सुरक्षा सेवा कार्यालय पर हमला किया था और कई लोगों को मार दिया था। मालदीव के सुरक्षा बल जवाबी कार्रवाई कर रहे हैं लेकिन उनकी संख्या कम है और उन्हें परास्त कर दिया गया है। ये बंदूकधारी, जो श्रीलंकाई तमिल लगते हैं, राष्ट्रपति को बंधक बनाने और सरकार पर कब्ज़ा करने की कोशिश कर रहे हैं। मालदीव चाहता है कि भारत उनकी मदद करे और मुझसे हस्तक्षेप का अनुरोध किया क्योंकि मैं दिल्ली में ही हूं।' इस खबर से बनर्जी भौंचक्के रह गए। उनकी पहली चिंता माले में अपने स्टाफ की सुरक्षा को लेकर थी और उन्होंने पूछा भी कि क्या भारतीय उच्चायोग के

कर्मचारी सुरक्षित हैं। उनके सचिव ने उन्हें फिर से इसका भरोसा दिलाया परंतु अनहोनी की आशंका के साथ कहा, 'इन हालात में कौन किसी प्रकार का आश्वासन दे सकता है?'

अभी और भी खबरें थीं। बनर्जी के सचिव के सूत्रों के अनुसार राष्ट्रपति गयूम एक सुरक्षित आवास में थे और मदद के लिए व्यक्तिगत रूप से उन्होंने अनुरोध किया था। मलेशिया और पाकिस्तान सहित अन्य पड़ोसी देशों से भी मदद की अपील की गई थी।

बनर्जी को बाद में पता चला कि राष्ट्रपति गयूम के मुख्य सुरक्षा अधिकारी अनबरी सत्तार उनके सचिव को जानकारी दे रहे थे। सत्तार गुप्त तरीके से भारत तक यह संदेश पहुंचाने के लिए सचिव के घर पहुंचने में कामयाब हो गए थे। राष्ट्रपति गयूम अपने मुख्य सुरक्षा अधिक सत्तार पर बहुत अधिक भरोसा करते थे और सालों बाद उन्होंने सत्तार को रक्षा मंत्री बनाकर पुरस्कृत भी किया और बाद में उन्हें भारत में उच्चायुक्त बनाया गया। इस विद्रोह से हतप्रभ गयूम ने सिर्फ़ भारत, श्रीलंका, पाकिस्तान और मलेशिया से ही नहीं बल्कि अमेरिका, ब्रिटेन और राष्ट्रमंडल संगठन भी मदद की गुहार लगाई थी। इस पर श्रीलंका सरकार ने भारत से वायु सेना का एक विमान उपलब्ध कराने का अनुरोध किया ताकि उसके सैनिकों को मालदीव पहुंचाया जा सके।

एक भारतीय अधिकारी के अनुसार, जो रावलपिंडी में सेना के वरिष्ठ अधिकारियों के बीच हुई बातचीत से अवगत था, पाकिस्तान, भारत से किसी प्रकार की मदद का आश्वासन नहीं मिलने की वजह से अपनी सेनाओं को अरब सागर और हिंद महासागर के पार इतनी दूर भेजने के पक्ष में नहीं था। अमेरिका दिएगो गार्सिया स्थित अपने

सैन्य ठिकाने से सेना भेज सकता था लेकिन उन्हें भी माले पहुंचने में कुछ दिन लगते। ब्रिटेन और राष्ट्रमंडल संगठन भी तत्परता से मदद करने की स्थिति में नहीं थे।

इसके विपरीत, भारत पहले से ही श्रीलंका में सैन्य कार्रवाई में व्यस्त था। राजीव गांधी ने अपने दल के अधिकारियों को बहुत साफ कर दिया था कि पड़ोस भारत के प्रभाव वाला क्षेत्र है। दक्षिण एशिया का सबसे बड़ा देश होने के नाते, भारत को अपने पड़ोसी छोटे देशों में होने वाले टकरावों और अशांति से उत्पन्न समस्याओं को झेलना होगा और उसे इस क्षेत्र में अपनी सही भूमिका निभाने के लिए तैयार रहना होगा।

इस पृष्ठभूमि में भारतीय अधिकारी तत्परता से हरकत में आए और उन्होंने अपनी कार्य योजना तैयार की। सहदेव ने माले से आया टेलीफोन रखने के तुरंत बाद एयर वाइस मार्शल डेंज़िल कीलर को यह कहने के लिए फोन किया कि मालदीव की उड़ान के लिए भारतीय वायु सेना का एक विमान तैयार रखा जाए। सहदेव और भारतीय वायु सेना पहले से ही श्रीलंका में परस्पर तालमेल के साथ काम कर रहे थे और दोनों एक दूसरे को अच्छी तरह समझते थे । इसीलिए सामान्य चैनल का इस्तेमाल नहीं किया गया था।

सहदेव ने इसके बाद रोनेन सेन से बात की, जिन्होंने बाद में उन्हें दिन में साउथ ब्लॉक में सैन्य ऑपरेशन कक्ष में एक बैठक में बुलाया, जहां प्रधानमंत्री भी मौजूद रहेंगे जो कलकत्ता से वापस लौट रहे थे। अत: जब बनर्जी ने सहदेव को विद्रोह के प्रयास की जानकारी देने के लिए टेलीफोन किया, तो उन्हें युद्ध की तैयारी और तैयार अधिकारी के बारे में पता चला जिन्होंने उन्हें प्रधानमंत्री की बैठक में शामिल होने

के लिए कहा।

सवेरे ही तैयारियां की गईं। सुबह साढ़े आठ बजे, तत्कालीन संयुक्त निदेशक (ऑपरेशंस, ट्रांसपोर्ट एंड हेलीकाप्टर्स) ग्रुप कैप्टन अशोक गोयल को भारतीय वायु सेना के वाइस चीफ, एयर मार्शल एन.सी. सूरी के कार्यालय में बुलाया गया जहां उनसे परिवहन बेड़े की उपलब्धता के बारे में जानकारी मांगी गई। गोयल याद करते हुए बताते हैं, 'मैंने तत्परता से जवाब दिया कि पांच आईएल-76 और 16 एएन-32 (सोवियत निर्मित इल्यूशिन-76 और एन्तोनोव-32 परिवहन विमान) आगरा में हैं और 14 एएन-32 विमान ज़ोरहाट से अपराह्न एक बजे तक आगरा लाए जा सकते हैं। उन्होंने मुझे इस बेड़े को सतर्क करने और मालदीव में सैन्य कार्रवाई के लिए तैयार रहने का निर्देश दिया।' उन्हें भी साउथ ब्लॉक स्थित सैन्य ऑपरेशन कक्ष की बैठक में मौजूद रहने के लिए कहा गया।

~

इस बैठक में शामिल हुए सभी लोगों के पास बैठक की अलग-अलग कहानियां हैं, परंतु अधिकांश कुछ बातों पर सहमत थे। राजीव गांधी ने सेन और सहदेव के साथ प्रवेश किया, वहां मौजूद अन्य लोगों में तीनों सेना के प्रमुख, सैन्य अधिकारी, वायु ऑपरेशन से संबंधित स्टाफ, रक्षा सचिव और रॉ के मुखिया शामिल थे। इस बैठक के कुछ शुरुआती क्षण थोड़े अस्त-व्यस्त और शोरशराबे वाले थे। रोनेन सेन के शब्दों में, 'किसी को कोई अनुमान नहीं था और उस स्थान को समझने के लिए मालदीव के पर्यटन संबंधी तस्वीरों वाले पोस्टकार्ड के आसपास ही घूम रहे थे।'

गृह राज्य मंत्री पी. चिदंबरम ने उस समय नवगठित राष्ट्रीय सुरक्षा गार्ड्स (एनएसजी) के कमांडो दस्ते को, जो उनके प्रभार के अंतर्गत था, विमान से मालदीव भेजने का प्रस्ताव रखा परंतु इस प्रस्ताव को सेना ने सख्ती से नकार दिया। मालदीव के बारे में उपलब्ध खुफिया सूचनाएं स्पष्ट नहीं थीं और विशेषरूप से रॉ के पास वहां के घटनाक्रम के बारे में थोड़ी बहुत जानकारी थी। वास्तव में, उसे सबसे आखिर में विद्रोह के प्रयास की जानकारी मिली थी और उसने बताया कि हुलहुले स्थित अंतरराष्ट्रीय हवाई अड्डे पर, जो माले से नौका द्वारा 15 मिनट की दूरी पर एक वीरान द्वीप है, कब्ज़ा कर लिया गया है (यह सूचना बाद में गलत निकली) और सैकड़ों विद्रोही एक द्वीप पर स्थित इस देश के विभिन्न स्थानों पर फैल गए हैं।

सेन ने, जिन्हें माले के घटनाक्रम की स्थिति के बारे में सबसे बेहतर जानकारी थी, रॉ के प्रमुख को 'चुप रहने के लिए कहा।' सेन उन टेलीफोन कॉल्स का आभार प्रकट करते हुए कहते हैं, 'यह भारत और मालदीव के बीच सबसे लंबी टेलीफोन वार्ता थी।' वह टेलीफोन मालदीव के विदेश सचिव ज़की ने 7 आरसीआर में किया था और साउथ ब्लॉक की बैठक में जाने से पहले सेन ने सुना था। अपने घर से ज़की विद्रोहियों को देख सकते थे जिन्होंने सड़क की दूसरी ओर टेलीफोन एक्सचेंज पर कब्ज़ा कर लिया था। जब वह सारी स्थिति के बारे में बता रहे थे, सेन ने उनसे कहा कि फोन नहीं रखें क्योंकि ऐसा करने पर एक्सचेंज के स्विचबोर्ड पर बातचीत खत्म होने के बारे में लाइट जलेगी और इससे विद्रोही चौकन्ने हो जाएंगे। वे इसके बाद ज़की को खोज निकालेंगे और मालदीव की सरकार के साथ भारत का

संपर्क टूट जाएगा। इस तरह माले में ज़की के घर का फोन और 7 आरसीआर – राजीव गांधी के कार्यालय में निजी सचिव, विन्सेन्ट जॉर्ज – का फोन सैन्य ऑपरेशन संपन्न होने तक क्रेडल से अलग ही रहे, 18 घंटे तक ऐसा रहा। यह भारत सरकार का एकमात्र भरोसेमंद सूचना का स्रोत था और सिर्फ़ यही एकमात्र तरीका था, जिसके सहारे मालदीव की एजेंसियों के साथ उन्होंने सीमित तालमेल बनाए रखा।

बैठक शुरू होते ही राजीव गांधी ने संक्षेप में इस संकट पर चर्चा की और 1987 में अपनी मालदीव यात्रा का भी उल्लेख किया। उन्होंने यह महसूस किया कि एक पड़ोसी देश से पहली बार इस तरह का अनुरोध किया गया है – विद्रोह द्वारा एक सत्ता को अपदस्थ करने से बचाने के लिए अत्यावश्यक आपात संदेश (एसओएस) था। यह सहमति बनी कि भारत को संकट में घिरी मालदीव सरकार को सैन्य मदद उपलब्ध कराई जानी चाहिए। भारत ने आज़ादी के बाद श्रीलंका के अलावा अपने पड़ोसियों के यहां कभी भी कोई सैन्य कार्रवाई नहीं की थी। इस प्रकार से मालदीव में सैन्य कार्रवाई ऐसा पहला अभियान था।

इस बात पर आम सहमति थी कि ऐसी सैन्य कार्रवाई में सेना को आगे रहना होगा – थल सेना ही किसी भी युद्ध में सैन्य नियंत्रण करने में सबसे अधिक प्रभावी होती है। वायु सेना थल सेना की टुकड़ी को लेकर जाएगी और उसकी आपूर्ति की लाइन बनाए रखेगी। मालदीव में किसी भी बदलती चुनौती का मुंहतोड़ जवाब देने के लिए नौसेना चौकन्नी रहेगी। बनर्जी याद करते हैं कि सेना के तीनों अंग इस कार्रवाई में जाने के लिए पूरी तरह आश्वस्त थे। सैन्य बल पहले से ही श्रीलंका में ज़बर्दस्त तरीके से सक्रिय भूमिका में था और वह तत्परता के साथ

कार्रवाई के लिए पूरी तरह तैयारी की स्थिति में था। तब बातचीत इन बिंदुओं पर आ गई—सैन्य बल की संख्या, हथियार, विमान आदि। विद्रोहियों की संख्या और उनके हथियारों या उन्हें पीछे से मिलने वाले समर्थन के बारे में कोई पुख्ता जानकारी उपलब्ध नहीं थी। चूंकि अफगानिस्तान में सोवियत सेना के खिलाफ मुजाहिद्दीन हेलीकॉप्टर और विमान मार गिराने के लिए कंधे पर रखकर दागी जाने वाली स्टिंगर मिसाइलों का इस्तेमाल कर रहे थे, इसलिए चिंता थी कि इन विद्रोहियों के पास भी ये हो सकती है। यह भी स्पष्ट नहीं था कि हुलहुले स्थित अंतरराष्ट्रीय हवाई अड्डा विद्रोहियों के कब्ज़े में है या इस पर अभी सरकारी बल का नियंत्रण है।

यह निर्णय हुआ कि दुश्मन के इलाके में उतरने के लिए पूरी तरह प्रशिक्षित पैराशूट रेजीमेंट के सैनिकों को वहां इस ऑपरेशन के लिए भेजा जाए क्योंकि वे आत्मनिर्भर और ऐसी परिस्थितियों में तत्परता से प्रभावी कार्रवाई करने में दक्ष होते हैं। भारत में अपने किस्म की यह अकेली 50 पैराशूट बिग्रेड आगरा में तैनात है, जिसे लोकप्रिय भाषा में पैरा ब्रिगेड बुलाते हैं। अपने विशेष प्रशिक्षण और विशिष्ट भूमिका की वजह से यह ब्रिगेड सैन्य मुख्यालय की रिज़र्व में है और यह सीधे सेना मुख्यालय को रिपोर्ट करती है।

इस कार्रवाई के लिए मूल योजना बहुत साधारण थी। इन विद्रोहियों को निकाल बाहर करने के लिए पैरा ब्रिगेड के सैनिकों को, जो अपने मैरून रंग की टोपी और वर्दी पर पैराशूट के चिह्न से पहचाने जाते हैं, अगले कुछ घंटों में आगरा से भारतीय वायु सेना के विमान से ले जाकर पैराशूट से माले में उतारा जाएगा। परंतु इसमें एक समस्या थी -पैराट्रूपर

सैनिकों को डीज़ेड (ड्रॉपिंग ज़ोन यानी उतारने की जगह) की ज़रूरत थी जहां पैराशूट नीचे आ सके और सीधे ठोस ज़मीन पर उतर सके।

परंतु मालदीव तो द्वीपों से बना हुआ है और प्रत्येक द्वीप कई टापुओं में था। अब ब्रिगेड को एक ऐसे बड़े द्वीप की आवश्यकता थी जो फुटबॉल के एक दर्जन मैदानों के कुल क्षेत्रफल जितना बड़ा हो और माले में ऐसा नहीं था। किसी ने संभावित डीज़ेड के लिए पर्यटन नक्शे में द्वीपों के किनारे के हरे स्थान की ओर इशारा किया परंतु ये हरा मैदान नहीं बल्कि समुद्र के भीतर मूंगे की भित्तियां थीं।

ऐसा कोई उपाय नहीं था जिसे डी-5 पैराशूट (इस ब्रिगेड द्वारा प्रयुक्त मॉडल) को 2500 फुट की उंचाई से नीचे उतरते समय समुद्र की हवाओं के बहाव के बीच हवा में नियंत्रित किया जा सके। इनके समुद्र में ही उतर जाने की संभावना काफी अधिक थी और पैरा बटालियनों ने कभी भी पानी में उतरने का अभ्यास नहीं किया था। पानी में उतरने की स्थिति में एक सैनिक के लिए अपना साजो सामान उतारना असंभव होगा और पत्थर की तरह उसके पानी में डूबने की संभावना बहुत अधिक रहती है।

इस द्वीप के आकार को देखते हुए पानी में किसी भी तरह उतरने का मतलब था बहुत अधिक नुकसान होना। राजीव गांधी ने सेना से कहा कि इसमें हताहतों की संभावित संख्या के बारे में बताया जाए और सैन्य ऑपरेशंस निदेशालय के अधिकारियों ने जवाब दिया कि यह 40 से 50 प्रतिशत तक हो सकता है। इस पर यह योजना टाल दी गई क्योंकि श्रीलंका से बड़ी संख्या में आ रहे सैनिकों के पार्थिव शरीरों के बीच मालदीव के पास समुद्र में भारतीय सैनिकों की जान गंवाना

राजनीतिक, सैन्य और मानवीय दृष्टि से विनाशकारी होता।

इसके बाद हुलहुले हवाई अड्डे पर आईएल-76 विमान से सैनिकों को उतारने की योजना सामने रखी गई। योजना के तहत पैरा ब्रिगेड वहां उतरने के बाद हवाई अड्डे को अपने कब्ज़े में लेगी और बंदरगाह से व्यापारिक तथा निजी नौकाओं का इस्तेमाल कर माले पहुंचेगी। इस तरह हुलहुले हवाई अड्डा एक बार फिर विचार-विमर्श का विषय बन गया। रोनेन सेन को ज़की के सूत्रों से मिली जानकारी से संकेत मिलता था कि हवाई अड्डा अभी भी सरकारी बलों के नियंत्रण में था।

हालांकि हुलहुले हवाई अड्डे का निर्माण एक भारतीय कंपनी ने ही किया था लेकिन किसी को भी इसके आकार का अनुमान नहीं था। इस तथ्य ने भ्रम की स्थिति को और बढ़ाया। हालांकि इसका निर्माण करने वाली कंपनी से संपर्क के प्रयास किए जा रहे थे तभी राजीव गांधी ने सेन से कहा कि इंडियन एयरलाइंस के पायलटों से संपर्क किया जाए जो वहां नियमित रूप से विमान उतारते हैं और वे इसका विवरण उपलब्ध कराने के लिए सबसे उपयुक्त थे।

खुद एक व्यावसायिक पायलट होने के कारण प्रधानमंत्री हवाई अड्डे की स्थिति का दूसरों से बेहतर आकलन करने की स्थिति में थे। उन्होंने विद्रोहियों के नियंत्रण वाले स्थान पर विमान उतरने की स्थिति में विभिन्न समस्याओं को सामने रखा। उन्होंने सुझाव दिया कि हुलहुले हवाई अड्डे के एयर ट्रैफिक कंट्रोल के साथ गुप्त पासवर्ड और कूट शब्द तथा आईएल-76 विमान के हवाई अड्डे के नज़दीक पहुंचने पर थोड़ी देर के लिए हवाई पट्टी की रोशनी जलाने जैसे त्वरित संकेत के लिए तालमेल करने का सुझाव दिया ताकि इसको सुरक्षित तरीके से उतारना

सुनिश्चित किया जा सके। पूरी बैठक के दौरान प्रधानमंत्री आश्चर्यजनक रूप से शांत और निर्णायक मुद्रा में रहे।

सैन्य कार्रवाई के विवरण को अंतिम रूप दे दिया गया, अब इस मिशन के बारे में संदेश देने संबंधी कुछ निर्णय लेने थे। अमेरिका को विश्वास में लेकर रखना था क्योंकि दिएगो गार्सिया में उसका अड्डा मालदीव के दक्षिणी द्वीप से कुछ सौ उड़ान मील की दूरी पर ही स्थित था। भारतीय सेना के मालदीव पहुंचने तक इसका कोई प्रचार नहीं होना था और इस कार्रवाई को एक मित्र और लोकतांत्रिक देश, जिसने दिल्ली से मदद की अपील की थी, की सहायता के रूप में पेश करना था। उस समय तक इस सैन्य कार्रवाई की मीडिया कवरेज का सवाल नहीं उठा था परंतु इसने बाद में ठोस शक्ल ली। यह बैठक सवेरे 10.40 बजे समाप्त होने के कारण माहौल में तत्परता का भाव बढ़ गया था। राजनीतिक निर्णय लिया जा चुका था, अब नतीजे देना सेना का काम था। अब यदि उन्हें मालदीव और राष्ट्रपति गयूम को बचाना था तो उनका समय के साथ मुकाबला था, क्योंकि समय तेज़ी से भाग रहा था।

~

अगर मालदीव की जनता ने 2-3 नवंबर की रात में अचानक ही खुद को असमंजस की स्थिति में पाया था, तो उस समय पैरा ब्रिगेड के कमांडिंग ऑफिसर ब्रिगेडियर फारूक 'बुल' बलसारा के मुताबिक, पैरा ब्रिगेड भी पूरी तरह तैयार नहीं थी।

बलसारा अब जीवित नहीं हैं परंतु उनके प्रमुख स्टाफ अधिकारी मेजर विनोद भाटिया के जहन में तीन नवंबर, 1988 को आगरा

मुख्यालय का दृश्य अभी भी सजीव है। ब्रिगेड अगले दिन होने वाले अपने पहले प्रशासनिक निरीक्षण की तैयारी कर रही थी। सेना ने हाल ही में मुख्यालयों के वार्षिक निरीक्षण का निर्णय किया था। यह उस समय तक सिर्फ़ बटालियन स्तर तक ही सीमित रहता था।

निरीक्षण एक व्यापक कवायद है जिसमें स्वतंत्र निरीक्षक दल यूनिट को प्रमाणित करने के लिए उसके प्रत्येक दस्तावेज़ और कार्यालय प्रक्रिया की जांच करता है। इसलिए अधिकांश सैन्य अधिकारी इसे इस तरह लेते हैं मानों उनकी मां अपनी बहू के घर का जायज़ा लेने आ रही हैं।

सैन्य तैयारियों की गहमागहमी के बीच ही बलसारा कुछ किलोमीटर दूर स्थित आर्डनेंस पार्क गए थे। भाटिया याद करते हैं कि सवेरे करीब दस बजे इस आसन्न ऑपरेशन का पहला संकेत उस वक्त मिला जब सैन्य ऑपरेशंस निदेशालय से उन्हें ब्रिगेडियर सपत्नेकर का टेलीफोन आया जिन्होंने एक ग्रुप कंपनी – करीब एक सौ पैराट्रूपर और सिग्नल, इंजीनियरिंग और मेडिकल टीम जैसे सहायक दस्ते – के साथ छह घंटे के नोटिस और एक बटालियन ग्रुप – करीब नौ सौ सैनिकों – को 12 घंटे के नोटिस पर कूच करने के लिए तैयार रहने का निर्देश दिया। हमारे लिए जाने वाला स्थान एक द्वीप था – जगह का नाम नहीं बताया गया था – और सैनिकों को समुद्री मार्ग से धावा बोलने के लिए तैयार रहने था। बलसारा को भी उसी शाम सैन्य ऑपरेशंस निदेशालय में एक बैठक में उपस्थित रहने के लिए दिल्ली पहुंचने का आदेश दिया गया था।

यह मानते हुए कि आगाह करने संबंधी यह आदेश श्रीलंका में

आईपीकेएफ की कार्रवाई से संबंधित होगा, भाटिया ने सभी आपातकालीन योजनाओं, नक्शों और हिंसाग्रस्त द्वीप के आसमान से ली गई तस्वीरें निकालीं। उन्होंने उसी शाम बलसारा के दिल्ली रवाना होने के लिए उनका वाहन भी तैयार करा दिया। सपत्नेकर का आदेश भाटिया के लिए चौंकाने वाला था, क्योंकि ब्रिगेड को पैराशूट से उतारने की पिछली कवायद, जिस पर कुछ सप्ताह पहले ही अमल किया गया था, बहुत ही अलग किस्म के इलाके में, पूर्वोत्तर में हिमालय के बहुत ऊंचाई वाले वातावरण में, विवादित सीमा पर चीनी सेना को संकेत देने के लिए की गई थी।

दिन में 10 बजकर 40 मिनट पर, जब साउथ ब्लॉक में राजीव गांधी की अध्यक्षता वाली बैठक समाप्त हुई, भाटिया को दिल्ली से दोबारा फोन गया। इस बार यह वाइस चीफ ऑफ आर्मी स्टाफ ले. जनरल एस.एफ. रोड्रिग्स के यहां से था। सेना में, आमतौर पर वरिष्ठ जनरल को फोन हस्तांतरित करने से पहले स्टाफ ऑफिसर पहले लाइन पर आते हैं, अतः भाटिया यह उम्मीद कर रहे थे कि दूसरी तरफ से रोड्रिग्स के स्टाफ ऑफिसर के लाइन होंगे और उनसे पैराट्रूर की जैकेट का अनुरोध करेंगे, जो गैर पैराट्रूपर्स में लोकप्रिय है, इसलिए वे थोड़ी रुखाई से बोले। लेकिन वह अचंभित रह गए क्योंकि दूसरी तरफ खुद जनरल रोड्रिग्स फोन पर थे। उन्होंने कहा कि पैराट्रूपर्स का एक बटालियन ग्रुप उस दिन दोपहर साढ़े बारह बजे तक उड़ान भरने के लिए तैयार रहना चाहिए। शेष पैरा ब्रिगेड को बाद में उसी रात कूच करना था।

रोड्रिग्स ने खुलासा किया कि उनकी मंज़िल मालदीव है जहां एक द्वीप के समुद्री किनारे पर वायु मार्ग से धावा बोलना है। दुश्मन की

पहचान श्रीलंका के तमिल उग्रवादियों के रूप में की गई थी जिनके पास स्वचालित और टैंक नाशक हथियार, मोर्टार और संभवत: कंधे पर रख कर दागी जाने वाली सतह से हवा में मार करने वाली मिसाइलें या सैम्स थे। भाटिया को बताया गया कि इस अभियान के लिए भारतीय वायु सेना ने तीन आईएल-76 और 10 एएन-32 परिवहन विमान उपलब्ध कराए हैं।

भाटिया ने रोड्रिग्स को यह बताने का प्रयास किया कि आगरा में ब्रिगेड की कोई भी बटालियन पूरी क्षमता में नहीं है और अगले कुछ घंटों में उन्हें कूच नहीं कराया जा सकता। 7 पैरा उसी दिन सवेरे नौ बजे सामूहिक प्रशिक्षण के लिए बैंड बरेठा रवाना हुई थी। खालिस्तान समर्थकों द्वारा कुछ आयुध डिपो में तोड़फोड़ की घटनाओं के बाद 6 पैरा कंपनी की कुल चार में से दो कंपनियां आगरा केंद्रीय आयुध डिपो में सुरक्षा ड्यूटी पर तैनात थीं। 3 पैरा की एक कंपनी लखनऊ में कमान हाउस और वहां दूसरे प्रतिष्ठानों को सुरक्षा प्रदान के लिए गई हुई थी। उद्वेलित और अधीर रोड्रिग्स ने भाटिया की बात बीच में काटते हुए उन्हें चेतावनी दी कि यदि उन्होंने उनके आदेश पर सवाल उठाया तो वे उन पर अवहेलना का आरोप लगाएंगे।

भाटिया की चेतावनी सुनने के बाद बलसारा जल्दी से मुख्यालय लौटे। रोड्रिग्स से फोन पर बातचीत के बाद उनकी पहली प्रतिक्रिया थी, 'अब लपटों में घिरा यह मालदीव है कहां?'

बलसारा का गुप्तचर अधिकारी ब्रिगेड की लाइब्रेरी से एक नक्शा ले आया और भारत के दक्षिणी छोर पर करीब 700 किलोमीटर दूर दक्षिण पश्चिम में द्वीपों के एक समूह की ओर संकेत किया। इस

अधिकारी ने बलसारा से कहा कि ये मालदीव के 1200 द्वीप हैं, जिनमें से करीब 200 द्वीप वीरान हैं, करीब 50 हॉलीडे रिसार्ट हैं, देश की राजनीतिक व्यवस्था एक दलीय लोकतांत्रिक है और देश की 98 प्रतिशत आबादी मुस्लिम है।

इसी बीच, भाटिया ने कुछ अधिकारियों को मालदीव के बारे में जानकारी जुटाने के लिए आगरा स्थित होटलों और पर्यटन कार्यालयों में भेजा था। वे पिक्चर पोस्टकार्ड और पर्यटन विवरण पुस्तिका लेकर लौटे और इसी आधार पर यह सैन्य कार्रवाई की योजना तैयार की गई।

~

आगरा में खेरिया स्थित भारतीय वायु सेना के मुख्य सामरिक परिवहन बेस को, जहां आईएल-76 के साथ 44 स्क्वाड्रन थी, सवेरे सवा सात बजे वायु सेना मुख्यालय ने तीन घंटे के भीतर तैयार रहने के लिए सतर्क कर दिया था। स्क्वाड्रन में एक सम्मेलन करके फ्लाइट कमांडरों, उनके नेवीगेटर सिग्नल, इंजीनियर, गनर लीडर और स्क्वाड्रन के तकनीकी अधिकारियों ने रिपोर्टें दीं। सवेरे करीब 11 बजे, विंग कमांडर अनंत बेवूर के नेतृत्व में 44 स्क्वाड्रन तैयार थी और पैराट्रूपर्स को मालदीव ले जाने के लिए अगले निर्देश का इंतज़ार कर रही थी। परंतु सेना को लग रहा था कि भारतीय वायु सेना की तैयारी नहीं है क्योंकि स्क्वाड्रन मिनट दर मिनट अपनी योजना में बदलाव कर रहा था और उस समय तक हवाई अड्डे पर सिर्फ़ तीन आईएल-76 विमान मौजूद थे।

दोपहर तक, टेलीफोन पर सैन्य ऑपरेशंस के महानिदेशक रोड्रिग्स और उनके डिप्टी ने बलसारा को बार-बार ब्रीफ किया और उन्होंने इस कार्रवाई के लिए शुरुआती योजना भी बना ली थी। इस सैन्य कार्रवाई

का नेतृत्व करने के लिए 6 पैरा बटालियन का चुनाव किया गया था, हालांकि इसकी दो कंपनियां आगरा में केंद्रीय आयुध डिपो की सुरक्षा में तैनात थीं। 3 पैरा, जिसकी अधिकांश सेना आगरा में उपलब्ध थी, अधिक बेहतर पसंद होती, परंतु 3 पैरा के कमांडिंग ऑफिसर कर्नल के.एल. शर्मा और बलसारा के बीच रिश्ते ठंडे थे। शर्मा आजीवन अविवाहित, आध्यात्मिक और कहा जाए तो योगी किस्म के व्यक्ति थे जो अपना खाली समय ध्यान और प्रार्थना में लगाते थे जबकि बलसारा ठसकदार और मिलनसार स्वभाव के व्यक्ति थे। बलसारा के 6 पैरा के कमांडिंग ऑफिसर कर्नल सुभाष 'जोये' जोशी के साथ अच्छी बनती थी और इसी वजह से मालदीव के राष्ट्रपति को बचाने के लिए जोशी की बटालियन का चयन किया गया।

परंतु अब इसमें एक समस्या थी। केंद्रीय आयुध डिपो अपनी सुरक्षा बनाए रखने के दबाव में था और उसने अपने परिसर की सुरक्षा में तैनात 6 पैरा की दो कंपनियों को लौटाने से इन्कार कर दिया। केंद्रीय आयुध डिपो में सुरक्षा व्यवस्था संभालने के लिए बबीना से 10 गार्ड्स बटालियन के सैनिक सिर्फ़ अगले दिन ही आगरा पहुंच पाते। भाटिया बताते हैं कि केंद्रीय आयुध डिपो को बताया गया कि 6 पैरा की दो कंपनियों को सैन्य कार्रवाई के लिए आवश्यकताओं की वजह से वापस लिया जा रहा है और इन सैनिकों को अपनी रेजिमेंट में शामिल होने के लिए, यदि ज़रूरी हो तो फायरिंग करने सहित बलपूर्वक डिपो का दरवाज़ा खोलने के आदेश हैं। यह धमकी काम कर गई। 6 पैरा शीघ्र ही अपने गंतव्य की ओर चल पड़ी।

बलसारा के शब्दों में, 'प्रारंभिक योजना यह थी कि 6 पैरा कंपनी

का ग्रुप हुलहुले पर उतरेगा बशर्ते हवाई अड्डा अभी भी गयूम के वफादारों के हाथ में हो। यदि आक्रामक तरीके से उतरना संभव नहीं हो तो हुलहुले अंतरराष्ट्रीय हवाई अड्डे पर कब्ज़ा करने के लिए इस कंपनी ग्रुप के सैनिकों को पैराशूट से उतारा जाएगा। इनकी सहायता के लिए एक और कंपनी ग्रुप मेरे साथ सामरिक मुख्यालय में तैयार रखा गया था।'

बलसारा याद करते हैं कि चूंकि यह योजना अस्पष्ट जानकारी के आधार पर तैयार की गई थी, इसलिए यदि हुलहुले पर इस बल के सहारे विद्रोहियों से नहीं निबटा जा सके तो इस मिशन को समाप्त करने का निर्णय लेना मेरे ऊपर छोड़ दिया गया था। ऐसी स्थिति में हमें इस हवाई अड्डे पर कब्ज़ा करने के लिए अगली सुबह की पहली किरण के साथ ही पूरी तरह से हवाई हमला शुरू करना था। यह नया हमला केरल के त्रिवेंद्रम से किया जाना था, जो श्रीलंका में आईपीकेएफ की कार्रवाई के लिए बना वायु सेना का ठिकाना था और मालदीव के सबसे नज़दीक था।

जिस समय इस योजना को ठोस रूप देना शुरू ही हुआ था कि एक नया संकट पैदा हो गया। ब्रिगेड के लिए पैराशूट पैक करके रखने वाली भारतीय वायु सेना ने कहा कि उनके पास सिर्फ़ 60 डी-5 पैक पैराशूट ही हैं। हालांकि वायु सेना ने अगली सुबह उन्हें उपलब्ध कराने का वायदा किया था – बलसारा ने पूछा, 'कैसे?' – इसका मतलब तो यह हुआ कि 6 पैरा को अपनी 160 सैनिकों की पूरी क्षमता के बजाए आधी-अधूरी क्षमता के साथ माले के दक्षिणी सुम्रदी तट पर आईएल-76 विमान से पैराशूट से उतरना होगा।

वायु सेना के विमान को दोपहर ढाई बजे उड़ान भरनी थी परंतु ऐसा नहीं लगता था कि ब्रिगेड इस समय सीमा तक पहुंचेगी। समय धीरे-धीरे भाग रहा था। और इसके साथ ही सफलता की संभावनाएं भी।

~

इस बीच, उच्चायुक्त बनर्जी भारतीय वायु सेना और पैरा ब्रिगेड को विस्तृत आदेशों, नक्शों और ताज़ा खुफिया सूचनाओं के बारे में जानकारी देने के लिए सेना के अधिकारी और वायु स्क्वाड्रन अधिकारियों के साथ आगरा जा रहे थे। बनर्जी याद करते हैं कि 'साउथ ब्लॉक में प्रधानमंत्री की आपात बैठक जब करीब 11 बजे खत्म हुई तो मैंने विदेश मंत्रालय जाने की अनुमति चाही। अचानक ही जनरल राघवन (सैन्य ऑपरेशंस के अतिरिक्त महानिदेशक) मेरी ओर आए और मेरे ऊपर अपना हाथ रखते हुए मुझे विदेश मंत्री के.पी.एस. मेनन की ओर ले गए और उन्होंने सेनाओं को ब्रीफ करने के लिए मेरी सेवाएं लेने का अनुरोध किया। मेनन को ऐसा नहीं लगा कि यह असामान्य अनुरोध है और इसलिए वह सहमत हो गए। मुझे इसके बाद 'ब्रिगेडियर वी.वी. मलिक के हवाले कर दिया गया जिनके पास आगरा में पैरा ब्रिगेड को ब्रीफ करने की ज़िम्मेदारी थी।

'इसके बाद जो कुछ भी हुआ वह असाधारण था। न तो मुझे और पक्के तौर पर न ही विदेश सचिव को कोई अनुमान था कि अब क्या होने वाला है। यह सोचकर कि यह ब्रीफिंग साउथ ब्लॉक के किसी किसी दूसरे हिस्से में होगी, मैंने ब्रिगेडियर का अनुसरण किया क्योंकि वह काफी तेज़ी से आगे निकल गए थे। शीघ्र ही हम साउथ ब्लॉक के दक्षिणी छोर पर रक्षा मंत्रालय के गेट पर पहुंच गए, जिसमें कार का

प्रवेश द्वार है। हम लगातार बात कर रहे थे और किसी चीज़ पर अधिक ध्यान नहीं दे रहे थे और एक टन की सेना की ट्रक में सवार हो गए जिसमें सिर्फ़ हम दो ही यात्री थे। उस समय भी मुझे इस यात्रा के पूरे नतीजे का अहसास नहीं हुआ। मैंने सोचा कि हम दिल्ली छावनी की ओर जा रहे हैं।'

और फिर वास्तविकता ने झकझोरा। 'इस यात्रा के दौरान ही ब्रिगेडियर मलिक ने मुझसे कहा कि हम आगरा जाने के लिए पालम एयरपोर्ट जा रहे हैं जहां पैरा ब्रिगेड तैनात है। मैं कुल मिलाकर अपने आप से यही कह सका, 'ओह माय गॉष!''

बनर्जी को आज भी उस दिन की एक एक बात याद है।

'पालम हवाई अड्डे के सैनिक क्षेत्र में हम एएन-32 पर सवार हुए जो मूलत: परिवहन विमान है। एक बार फिर इसमें हम सिर्फ़ दो ही लोग थे और हाथ से पकड़ने वाले हैंडल पकड़कर सीधे बैठे हुए थे। इसने मुझे दिल्ली विश्वविद्यालय में छात्र जीवन की याद ताज़ा कर दी जब हम सिर्फ़ डीटीसी [दिल्ली परिवहन निगम] की बसों में यात्रा करते थे, फर्क यह था कि इस बार न तो भीड़ थी और न ही धक्का मुक्की; परंतु विमान के उड़ान भरने और उतरने पर बहुत अधिक कंपन और गड़गड़ाहट थी। आगरा के सैन्य हवाई अड्डे पर हमें एक जीप से पैरा ब्रिगेड मुख्यालय से जाया गया जहां थल सेना और वायु सेना के सभी अधिकारियों ने उनका स्वागत किया।'

इस समय तक दोपहर के साढ़े तीन बज चुके थे। बलसारा के मुताबिक, बनर्जी 'अपने साथ मालदीव पर एक कॉफी टेबल ट्रैवल बुक और दस तस्वीरों का एक एलबम लाए थे, जो हमारे लिए इस

ऑपरेशन की योजना की खातिर अनमोल साबित हुआ।' मलिक अपने साथ पर्यटक मानचित्रों की चार फोटोप्रतियां और माले तथा हुलहुले के रेखाचित्र वाले नक्शे लाए थे। भाटिया को दिल्ली में सैन्य ऑपरेशंस निदेशालय ने पहले ही सूचित कर दिया था कि गलत मानचित्र भेज दिए गए हैं, परंतु किसी को यह पता नहीं था कि कौन सा मानचित्र गलत है। खेरिया में 44 स्क्वाड्रन ऑपरेशंस कक्ष में चल रही संयुक्त ब्रीफिग में थल सेना और वायु सेना के अधिकारियों को एक साथ ब्रीफिंग की जा रही थी। इसमें अपनी बात रखने के लिए सभी तेज़ आवाज़ में बोल रहे थे। इस दृश्य को बयान करते हुए बलसारा ने लिखा, 'कटु वाक्यों और असहमति के स्वरों से यह मछली बाज़ार जैसी शक्ल लेता नज़र रहा था।'

कक्ष में उपस्थित सभी व्यक्तियों में अकेले बनर्जी ही थे जो मालदीव जा चुके थे और जिन्हें उस देश के बारे में व्यक्तिगत रूप से जानकारी थी। इसलिए उनकी बहुत अधिक मांग थी। वह कहते हैं, 'सेना के अपनी उत्सुकताओं और सवालों से संतुष्ट होने के बाद अब वायु सेना की बारी थी कि वह उच्चायुक्त से कुछ बिंदुओं को समझ ले। मुझे एक दूसरे कमरे में ले जाया गया जहां एक मेज़ पर बड़ा सा मानचित्र फैला हुआ था। 44 स्क्वाड्रन अपने पायलटों को ब्रीफ करने के लिए जानकारी चाहता था। अपने सामने की मेज़ पर फैले मानचित्र पर नज़र डालने से मैं खुद को रोक नहीं सका। पता नहीं क्यों यह सही नहीं लग रहा था।

'तभी मैंने महसूस किया कि गलती क्या हुई है। मेरे सामने मेज़ पर बिछा हुआ मानचित्र हुलुहुले का नहीं बल्कि गान का मानचित्र था,

जो माले के दक्षिण में करीब तीन सौ किलोमीटर स्थित एक हवाई अड्डा है। इसी से ज़ाहिर था कि भारत द्वारा किए जाने वाले इतने बड़े अंतरराष्ट्रीय अभियान के बारे में उसके पास सूचना अपर्याप्त थी।'

बनर्जी उन क्षणों को सोचकर अभी भी उद्वेलित हो जाते हैं। अपने सिर से टोपी हटाकर लहराते हुए वह कहते हैं, 'मैं खुद अपनी तारीफ नहीं कर रहा हूं परंतु मैं अक्सर सोचता हूं कि अगर मैंने उस गलती को नहीं पकड़ा होता तो इस अभियान का क्या हश्र होता। मैं ज़ोर से बोला, क्रोध में नहीं बल्कि कमोबेश सुकून की वजह से, कि यह गलत मानचित्र है। मैंने बताया कि हुलहुले हवाई अड्डा पूर्व-पश्चिम उन्मुख है जबकि मेरे सामने रखा मानचित्र उत्तर-दक्षिण उन्मुख है। गान स्थित हवाई अड्डा द्वितीय विश्व युद्ध के दौरान पूर्व आरएएफ [रॉयल एयर फोर्स] का अनुपयोगी सैन्य ठिकाना था। मैं यह सोच कर सिहर उठा कि आईएल-76 की उड़ान से हमारी सामरिक महत्व की इकाई को ले जाने के लिए हमारी वायु सेना अभी भी इस तरह के कोऑर्डिनेट्स (निर्देशांकों) पर निर्भर है। मैं मानता हूं कि ज़ोर से मेरे बोलने का अपेक्षित असर हुआ और गान का मानचित्र अलग रख दिया गया, जबकि कुछ अधिकारी हुलहुले का मानचित्र लाने के लिए दौड़ पड़े।'

इस बीच, बलसारा को वह सारी जानकारी दी गई जो मलिक लाए थे: माले पर 150 से 400 भाड़े के सैनिकों का नियंत्रण है, मालदीव की थल सेना, दो विमान की वायु सेना और तटरक्षकों वाली राष्ट्रीय सुरक्षा सेवा और यहां तक कि कस्टम की भी उनके मुख्यालयों में ही घेराबंदी कर ली गई थी, राष्ट्रपति एक सुरक्षित आवास में पनाह लिए थे, परंतु किसी को उनके ठिकाने की जानकारी नहीं थी, हुलहुले

अंतरराष्ट्रीय हवाई अड्डा खुला हुआ था और वह विद्रोहियों के कब्ज़े में नहीं था।

बलसारा को उन पैराट्रूपर्स को उतारने के लिए चुने गए क्षेत्र के बारे में बता दिया गया था, जिन्हें भारतीय वायु सेना ने 60 पैक पैराशूट उपलब्ध करा दिए थे। यह बहुत ही छोटा होने के साथ ही बेहद जोखिम भरा समुद्र के नज़दीक वाला इलाका था। बलसारा ने उस विकल्प को ठुकरा दिया। पैराट्रूपर्स को उतारने के लिए दूसरे क्षेत्र के बारे में सुझाव दिया गया जो माले के बीच में गगनचुंबी इमारतों से घिरा हुआ फुटबॉल का मैदान था। यह भी लगभग उतना ही खराब था।

बलसारा इसे याद करते हुए कहते हैं: अत: 'इस मामले में सामने के निकास से दो को 'चिपक' कर ही उतारना पड़ता! मैं अब तक परेशान हो चुका था, अत: विनोद चक (कर्नल चक्रवर्ती) और मैंने अपनी मूल योजना को मूर्तरूप देना शुरू किया।'

~

किसी भी अन्य सैनिक कार्रवाई की तरह ही, बलसारा का पहला कदम अपने बिग्रेड को कार्यभार सौंपना था। उनके अनुसार यह कार्यभार यथाशीध्र मालदीव के राष्ट्रपति को सुरक्षित निकालने का था। उन्होंने चार चरणों में इस ऑपरेशन को अंजाम देने का निर्णय किया। पहले चरण में, 6 पैरा बटालियन ग्रुप अपने सीओ जोशी और 160 सैनिकों की 3 पैरा की एक कंपनी के साथ हुलहुले हवाई अड्डे पर कब्ज़ा करने के लिए एक आईएल-76 में उड़ान भरेगी। हुलहुले हवाई अड्डा अभी भी राष्ट्रपति की वफादार सेना के नियंत्रण में ही होने के बारे में संकेत देने के लिए एयर ट्रैफिक कंट्रोल के साथ दो संकेत बनाए गए थे। पहले

संकेत में आईएल-76 को एटीसी के साथ संपर्क स्थापित करना था, हवाई अड्डा सुरक्षित हाथों में होने के लिए एटीसी को भारतीय वायु सेना के पायलट को पुष्टि करनी थी। पहले संकेत के तहत हवाई पट्टी की लाइट जलाई जानी थी और विमान के सफलतापूर्वक उतरने के बाद तुरंत ही उसे बुझा देना था, दूसरा संकेत 'हादिया' पासवर्ड था, जिसका मतलब 'सही मार्ग का निर्देश देना'।

हुलहुले हवाई अड्डे पर मामूली प्रतिरोध होने की स्थिति में इस हवाई अड्डे पर कब्ज़ा करने और विमान के उतरने की सुविधा मुहैया कराने के लिए 60 सैनिकों को पैराशूट से उतारा जाएगा। इसी समय, बलसारा ने कहा कि वह अपने सैनिकों के साथ विमान से कूदेंगे तो भाटिया ने भी ऐसा ही करने की अनुमति के लिए दबाव डाला जिस पर बलसारा सहमत हो गए। ऐसा कभी नहीं सुन गया था कि ब्रिगेड कमांडर और उनका मुख्य स्टाफ ऑफिसर पहले दल के साथ ही कूदे हों और यही तो बलसारा का व्यक्तित्व था – एक डेयरडेविल जो हमेशा आगे आकर नेतृत्व करता है।

दूसरे चरण में, माले द्वीप के दक्षिण पश्चिम में समुद्र के किनारे के एक क्षेत्र पर कब्ज़ा करने के लिए 6 पैरा की एक कंपनी नौका से आगे बढ़ेगी और अपनी जगह बनाएगी और राष्ट्रपति गयूम का पता लगाकर उन्हें सुरक्षित निकालने के लिए अपनी हाई रिस्क मिशन टीम (एचआरएमटी) को अलग करेगी। 6 पैरा की एक अन्य कंपनी हवाई पट्टी पर कब्ज़ा बनाए रहेगी और माले के समुद्री तट पर मौजूद कंपनी को मज़बूती देने के लिए एक प्लाटून जाएगी। 3 पैरा कंपनी के 160 सैनिकों की एक दूसरी कंपनी हुलहुले जेटी पर नियंत्रण करके सारी

देसी नौकाओं को अपने कब्ज़े में लेकर माले के मरीन ड्राइव पर मुख्य जेटी के साथ सीधे टकराने का नाटक करेगी ताकि समुद्र तट पर बने ठिकाने की ओर से भाड़े के सैनिकों का ध्यान भटकाया जा सके।

तीसरे चरण में, शेष पैरा ब्रिगेड को हुलहुले में अपनी स्थिति मज़बूत करनी थी और यदि आवश्यकता हुई, तो 3 पैरा 6 पैरा के साथ मिलकर अतिरिक्त ताकत प्रदान करेगी। अंतिम चरण राष्ट्रपति गयूम को सुरक्षित जगह पहुंचाना और द्वीपों से बाकी बचे हुए भाड़े के सैनिकों का सफाया करना शामिल था।

बलसारा, साहसी व्यक्तित्व और खुद पर भरोसा रखने वाले नज़रिए के बावजूद तमाम आशंकाओं की गिरफ्त में थे। वह कहते हैं, 'हो सकता है कि सब कुछ स्पष्ट और सरल लग रहा हो, परंतु क्या हमें समुद्र तट पर अपना ठिकाना बनाने के लिए खुले समुद्र में 15 किलोमीटर की दूरी तय करने के लिए पर्याप्त संख्या में देसी नौकाएं मिलेंगी, और यदि हमने ऐसा कर लिया तो क्या हम इन नावों के लिए पर्याप्त संख्या में नौकाचालकों और इन नौकाओं की निगरानी के लिए लोगों को एकत्र कर सकेंगे? यदि कुछ भी गलत हो गया तो मेरी ही निंदा की जाएगी।'

वे 60 पैराट्रूपर्स के लिए भी उतने ही चिंतित थे कि यदि उन्हें हुलहुले हवाई अड्डे पर उतरने के लिए अपने पैराशूट का इस्तेमाल करना पड़ा तो क्या होगा। वह कहते हैं, 'मालदीव की पर्यटक पुस्तक में विमान से ली गई हवाई अड्डे की तस्वीरों पर एक नज़र डालने से ही यह अनुमान लगाना पर्याप्त कि इसमें मेरे 60 पैराट्रूपर्स के जीवित रहने की संभावना 70:30 ही थी।'

'अधिकांश पैराट्रूपर्स को समुद्र की हवा के प्रवाह के सहारे ही बहना था क्योंकि नीचे उतरते समय सैन्य पैराशूट का निर्धारित मार्ग बदलने के लिए बहुत कुछ नहीं किया जा सकता, और यदि कोई समुद्र में उतर गया तो इससे पहले कि बड़ी रस्सियां उसका कफन बन जाएं और उसकी जलसमाधि हो जाए, उसे इससे बाहर निकलने के लिए जल की आपात स्थिति की कवायद या फिर सामने मौजूद चुनौती से तत्परता से निबटना होगा।'

बलसारा की आशंकाओं में बनर्जी का प्रभाव साफ झलक रहा था। शीध्र ही यह एकदम स्पष्ट हो गया कि बहुत ही सीमित ब्योरों की वजह से हमारी सेनाएं बहुत अधिक प्रतिकूल परिस्थितियों में थीं। हालांकि हमारी सेनाएं अपने वरिष्ठ अधिकारियों की आज्ञा का पालन करने के लिए प्रशिक्षित थीं और संकट के समय वे कभी भी पीछे नहीं हटतीं, कई बार तो वे एकदम पराकाष्ठा पर ले जाती हैं। यह ब्रिगेड कमांडर के साथ हुई मंत्रणा में पूरी तरह साफ हो गया। ब्रिगेडियर बलसारा एक सख्त और किसी तरह की बकवास नहीं सुनने वाले अधिकारी थे, उन्होंने अनेक पैने सवाल पूछे। ये सैन्य कार्रवाई के महत्वपूर्ण पहलुओं यानी कब, कहां और कैसे से संबंधित थे। अंत में पारस से कहा गया कि उपलब्ध सीमित आंकड़ों के आधार पर ही, फौरी स्थितियों के आधार कार्रवाई करने की योजना बनाएं और सैन्य मुख्यालय उनसे मौजूदा परिस्थितियों में सर्वश्रेष्ठ नतीजे देने की अपेक्षा कर रहा था।'

बलसारा चाहते थे कि बनर्जी उनके साथ उड़ान भरें ताकि उस इलाके के बारे में उच्चायुक्त की जानकारी का लाभ लिया जा सके। परंतु बनर्जी कुछ अलग ही सोच रहे थे। वह बताते हैं, 'उस दिन दोपहर

के बाद, जब थलसेना और वायु सेना अपने बंदोबस्त को अंतिम रूप दे रही थी, मुझे लगा कि मेरा मकसद पूरा हो गया था और मैं अब अपने घर जाना चाहता था। चूंकि मैं आगरा में था और तब तक लौटने की स्थिति में नहीं था जब तक मेरे मेज़बान यह नहीं कह दें कि मैं ऐसा कर सकता हूं। पूरे दिन विस्मित करने वाली गतिविधियों के बीच ही सबसे अधिक अचंभित करने वाली बात हुई। ब्रिगेडियर मलिक ने पूछा कि क्या मैं इस कार्रवाई में शामिल होने का इच्छुक हूं।' बलसारा ने भी इस अनुरोध में हामी भरी।

बनर्जी के अनुसार, 'परंतु मैंने यह कहते हुए इससे इन्कार कर दिया कि मेरी भूमिका वहीं पर खत्म हो गई जहां से आपकी शुरू होनी है। ब्रिगेडियर बलसारा ने कहा कि यह सैन्य-सह-राजनीतिक ऑपरेशन है और दिल्ली में पहला निर्णय लिए जाने के समय से ही ऐसा था। उन्होंने कहा कि आगरा आकर और संयुक्त ब्रीफिंग में शामिल होकर मैंने इस स्थिति की पुष्टि की है। इस तरह की दलील की सराहना करते हुए मैंने कहा कि चूंकि मैं सेना का पेशेवर नहीं हूं, इसलिए मेरे होने से सिर्फ़ अड़चनें ही आएंगी। उन्होंने मेरे शब्दों पर ताना कसते हुए कहा कि मैं एक पेशेवर सैनिक की तरह ही सोचता हूं। हमारा लंबा विचार विमर्श हुआ लेकिन मैं अपनी बात पर कायम रहा। अंत में, उन्होंने कहा कि हम सभी को अपने तरीके से देश की सेवा करनी है। इस बिंदु पर मैं कुछ नरम हुआ परंतु आगे कदम बढ़ाने से पहले दो शर्तें रखीं।'

बनर्जी की पहली शर्त थी कि सेना मुख्यालय को इसके लिए विदेश मंत्रालय से आधिकारिक मंज़ूरी प्राप्त करनी होगी। उनकी दूसरी शर्त थी कि उन्हें एक रेज़र की ज़रूरत है क्योंकि 'मैं दाढ़ी बनाकर ही अपने

दिन की शुरुआत करता हूं और अगले दिन इसके बगैर सोच ही नहीं सकता हूं। पहली शर्त तो आसानी से पूरी हो गई। दूसरी शर्त के लिए, बलसारा ने अपने अधिकारियों से कहकर आर्मी की कैंटीन खुलवाई और वहां से उनके लिए टूथब्रश और तौलिया सहित दाढ़ी बनाने वाले सामान की शेविंग किट लाई गई।'

बनर्जी दबी हुई हंसी के साथ उस घटनाक्रम को याद करते हुए कहते हैं, 'अत: जब 50 पैरा ब्रिगेड की सेना ने अपनी एसाल्ट राइफल और दूसरे हथियारों के साथ दो आईएल-76 विमानों में बैठना शुरू किया, मैं पहले वाले विमान में अपनी शेविंग के सारे सामान के सवार हुआ।'

~

बलसारा ने मोटे तौर पर इसकी रूपरेखा तैयार कर दी थी, और अन्य विवरणों के साथ तालमेल की ज़िम्मेदारी भाटिया पर छोड़ दी गई थी। भाटिया ने पहले आईएल-76 विमान में 6 पैरा से कहा कि अपराह्न तीन बजे तक 60 डी5 पैराशूट के साथ तैयार रहा जाए। इसके ठीक पीछे ही सैपर्स के साथ 3 पैरा की कंपनी, जिनकी स्थानीय देसी नौकाओं के संचालन के लिए ज़रूरत थी, को लिए हुए आईएल-76 चल रहा होगा।

भारतीय वायु सेना का प्रारंभिक अनुमान इससे काफी बड़े दल के बारे में थे और उसने इसी के अनुरूप योजना बनाई थी, लेकिन अब कम भार को देखते हुए उसने अपनी योजना में तीन आईएल-76 विमानों के बेड़े से एक विमान कम कर दिया था। जब ये निर्णय लिए जा रहे थे, पायलटों ने सभी तीनों विमानों के ईंधन की मात्रा बढ़ाने के आदेश दिए जिन्हें आगरा से सीधे हुलहुले उड़ान भरनी थी और त्रिवेंद्रम के लिए लौटने की उड़ान भरने से पहले कुछ समय उन्हें इंजन चालू

रखते हुए हुलहुले में रुकना था। आगरा से उड़ान भरने का समय अपराह्न चार बजे का था, परंतु अंतिम क्षणों तक इसे लेकर भ्रम था।

दिल्ली से भी दबाव पड़ रहा था, वायु सेना के वाईस चीफ अपराह्न दो बजे से पांच बजे के दौरान दिल्ली से ब्रिगेडियर के साथ भेजे गए गोयल को फोन करके पूछ रहे थे, 'विलंब क्यों हो रहा है?' गोयल बताते हैं, 'पहले सवार होने वाली 6 पैरा की सेना अपराह्न करीब साढ़े तीन बजे पहुंची जिसकी वजह से विलंब हुआ। और दो आईएल -76 विमान शाम 5 बजे तक ही तैयार हो सके।'

~

ग्रुप कैप्टन ए.के. चोर्डिया आगरा में तैनात पैराशूट से कूदने का निर्देश देने वाले प्रशिक्षक थे। तीन नवंबर को उन्हें पुणे स्थित राष्ट्रीय रक्षा अकादमी में, जहां के वे छात्र रह चुके थे, आसमान से छलांग लगाने के प्रदर्शन में अपने दल का नेतृत्व करना था। उनकी उड़ान में विलंब हो गया और अंततः उसे रद्द कर दिया गया और उन्हें अगले आदेश का इंतज़ार करने के लिए कहा गया। अगले गंतव्य के बारे में उन्हें कोई जानकारी नहीं थी – उन्हें सिर्फ़ यही बताया गया था कि यह एक सामरिक महत्व की आवश्यकता है। चोर्डिया ने सोचा कि शायद वे श्रीलंका जा रहे हैं। यहां तक कि विमान में सवार होते समय भी उन्हें यह लगा कि वे कोयंबटूर के निकट त्रिवेंद्रम या सुलूर में रुकेंगे, जहां से श्रीलंका के लिए सारी उड़ानें जाती हैं। पैराशूट से कूदने वाली कार्रवाई के दौरान आईएल-76 विमान में 13 पैराशूट जंप प्रशिक्षकों का मौजूद रहना अनिवार्य है। परंतु इस विमान में उनमें से सिर्फ़ नौ ही थे और उनमें भी चोर्डिया ही अकेले अधिकारी थी। चोर्डिया उस दिन

को याद करते हुए बताते हैं, 'दोपहर बाद 44 स्क्वाड्रन के सामने की हवाई पट्टी पर असामान्य सी चहल-पहल थी। ट्रक और जीपें हथियारों से लैस सैनिकों को लेकर गुज़र रही थीं। पैराशूट जंपिग प्रशिक्षकों को ज़ोर-ज़ोर से निर्देश देते सुना जा सकता था। आईएल विमानों में ईंधन भरा जा रहा था। ग्राउंड दल के सदस्य विमान के विभिन्न हिस्सों की जांच करने में व्यस्त थे तो विमान चालक दोनों विमानों में आ गए।'

44 स्क्वाड्रन के कमांडिग ऑफिसर बेवूर बताते हैं, '50 पैरा ब्रिगेड और 44 स्क्वाड्रन के लिए विस्तृत योजना बनाने के लिए भी अधिक समय नहीं था। हमारे चार्टों में ताजा ब्योरे नहीं थे और मालदीव के बारे में सूचनाओं के सबसे अधिक भरोसेमंद स्रोत के रूप में पर्यटक पुस्तिका हमें दी गई थी।'

इस अभियान के लिए गोयल और बेवूर पायलट थे। दोनों विमान शाम करीब पौने पांच बजे उड़ान भरने के लिए तैयार थे। तभी एक नई समस्या सामने आ गई जिसे चोर्डिया के शब्दों में ही अच्छे तरीके से बयां किया गया है, 'गोयल और बेवूर कॉकपिट में बैठ गए थे और उन्होंने उड़ान भरने से पहले की निरीक्षण प्रक्रिया शुरू कर दी थी। दूसरे विमान में कार्गो वाले हिस्से से शोर मचाती हुई उद्घोषणा प्रणाली से आ रही आवाज़ ने व्यवधान डाला। इसने ब्रिगेडियर बलसारा के चिंतन में भी व्यवधान डाला। वह यह जानकर विस्मित हुए कि उनका विमान बाद में उड़ान भरेगा। उन्होंने विमानों के उड़ान के क्रम में बदलाव करने और उनका विमान आगे रखने के अनुरोध के साथ मुझे दूसरे विमान में गोयल के पास भेजा। गोयल इससे सहमत नहीं हुए। नकारात्मक जवाब के बावजूद ब्रिगेडियर बलसारा विचलित नहीं हुए

और उन्होंने इस बात पर ज़ोर दिया कि सामरिक ज़रूरतों को देखते हुए यह ज़रूरी है कि लक्ष्य पर उनका विमान पहले पहुंचे।' बलसारा ने तब चोर्डिया के साथ भाटिया को गोयल के पास भेजा ताकि उन्हें इसके लिए राज़ी किया जा सके। बलसारा कहते हैं, 'मुझे नहीं मालूम कि विनोद भाटिया और वायु सेना के बीच क्या बातचीत हुई परंतु वायु सेना ने हमारी योजना का अनुसरण किया। मेरी यह जानने में कोई दिलचस्पी नहीं है कि विनोद ने भारतीय वायु सेना को इसके लिए कैसे राज़ी किया, क्योंकि वह दिल से हमेशा ही कंपनी कमांडर रहा है और उसने उस समय एक रुखे व्यवहार वाला स्टाफ ऑफिसर होने की वजह से खुद को कभी माफ नहीं किया जब उसे मालदीव के राष्ट्रपति को बचाने के अभियान का नेतृत्व करना था और वह सहिष्णुता और धैर्य की कमी वाला ऐसा व्यक्ति था जो अपनी मुट्ठियां लहराकर अपनी भावनाओं को व्यक्त करता था।'

हालांकि चोर्डिया उस घटना का स्मरण करते हुए बताते हैं कि भाटिया ने गोयल को राज़ी करने के लिए अपनी मुट्ठियों का इस्तेमाल करने की बजाए तर्कों का सहारा लिया। उन्होंने बताया, 'भाटिया ने गोयल से कहा कि इस अभियान में निर्णय लेने वाले अधिकारी दूरे विमान में है और उनकी सारी योजना पहले उतरने वाले विमान पर निर्भर है। इस क्रम में बदलाव का मतलब सारी योजना का अस्त-व्यस्त होना है। गोयल ने बहुत खूबसूरती से दोनों विमानों के चालक दलों की अदला-बदली करके इस गतिरोध को दूर कर दिया। यह बहुत ही असामान्य था और ऐसा कभी सुना नहीं गया था।'

शाम पांच बजे से कुछ मिनट पहले, जब सूर्यास्त होने वाला था,

ताजमहल का शहर धुंध से भर गया। फ्रैंडली वन और फ्रैंडली टू भारत के दक्षिण-पश्चिम तट से आगे हिंद महासागर के सुदूर द्वीपों की ओर करीब दो हज़ार किलोमीटर की उड़ान के लिए क्षितिज्ञ के ऊपर उठने लगे। विमान में सवार पैराट्रूपर्स ने ज़ोर से नारा लगया, 'छतरी माता की जय।' अब ऑपरेशन कैक्टस शुरू हो गया था।

~

विमान के उंचाई पर पहुंचने और सामान्य स्तर पर उड़ान शुरू हो जाने के बाद फ्रैंडली वन के कार्गो वाले हिस्से में सैनिक पूरे जोश में आ गए। विमान जब सिकंदराबाद के ऊपर से जा रहा था तो बलसारा ने बनर्जी की दी हुई मालदीव पर कॉफी टेबल बुक की तस्वीरों का इस्तेमाल करके अधिकारियों को ब्रीफ किया। भाटिया ने जल्दी से विभिन्न कंपनियों के लक्ष्यों के पारदर्शी स्लाइड्स लाने का आदेश दिया, जिनका इस्तेमाल संबंधित कमांडरों को सौंपी गई ज़िम्मेदारी की जानकारी देने के लिए किया गया। मालदीव के बारे में जानकारी देने वाली पुस्तक को सभी अधिकारियों को दिखाया गया। राष्ट्रपति गयूम की तस्वीरें अधिक जोखिम वाले मिशन दल को दिखाई गईं जिसे राष्ट्रपति को उनके सुरक्षित ठिकाने से निकालने की ज़िम्मेदारी सौंपी गई थी। बलसारा की ब्रीफिंग के बाद, अधिकारियों के पास कार्गो वाले हिस्से में अपने दल के सदस्यों को वस्तुस्थिति और काम के बारे में समझाने के लिए पर्याप्त समय था। चोर्डिया बताते हैं, 'मैं इस सैन्य कार्रवाई की बारीकियों पर परस्पर चर्चा के दौरान इन अधिकारियों के हाथों में छोटे से सैन्य नक्शों की बजाए उनके पास मालदीव के बारे में यात्रा पत्रिकाएं और पुस्तिकाएं देखकर दंग था।' विमान में सवार होने के बाद ही उन्हें

पता चला कि वे मालदीव जा रहे हैं। इस दौरान चल रही गतिविधियां अंततः बंद हो गई और बनर्जी तब अधिक स्पष्टता से अपने विचारों पर ध्यान केंद्रित कर सके। 'एक बार विमान में बैठने के बाद, मैंने न सिर्फ़ इस स्थिति की गंभीरता को महसूस किया बल्कि यह भी महसूस किया कि मैं भूखा हूं। मैंने पूरे दिन कुछ नहीं खाया था।'

इस बीच, बलसारा ने एक आराम कुर्सी पर बैठकर थोड़ी नींद ली, यह ऐसा सबक था जो उन्होंने अपनी युवावस्था में पैराकमांडो के रूप में सीखा था। 'मेरा मानना है कि थकान सिर्फ़ तभी होती है जब आप सोने में नाकाम रहते हैं। नहीं सोने से युद्ध में पूरे प्रभावी तरीके से संघर्ष करने की क्षमता भी प्रभावित होती है, युद्ध के मैदान में यह आम बात है।'

उड़ान अभी तक बहुत ही सुगम थी। बेवूर आज भी याद करते हुए बताते हैं, 'हम नागरिक वायुमार्ग का इस्तेमाल कर रहे थे और बैंगलोर को रिपोर्ट करते समय हम 37000 फुट की उंचाई पर पहुंच गए थे। बैंगलोर से त्रिवेंद्रम सेक्टर के बीच हमारे नीचे कई तेज़ तूफ़ान आए । इन तूफ़ानों ने हमारे मार्ग में सुरक्षा के लिए आगे चल रहे मिराज और एएन-32 विमानों को त्रिवेंद्रम के रास्ते में बहुत परेशानी में डाला।' भाटिया बताते हैं कि भारतीय वायु सीमा से बाहर निकलते ही ब्रिटिश एयरवेज़ की एक उड़ान ने हमें टोका और भारतीय वायु सेना के विमान को अपने गंतव्य की योजना बतानी पड़ी। इस तरह से बीबीसी शाम 7 बजे के अपने समाचार बुलेटिन में घोषणा करने में सक्षम हुआ कि भारत राष्ट्रपति गयूम को बचाने के लिए सैन्य कार्रवाई शुरू कर रहा है। हालांकि कई लोग बीबीसी की इस बुलेटिन के बारे में बात करते

हैं, लेकिन किसी ऐसे व्यक्ति को खोजना जिसने खुद इसे सुना हो असंभव साबित हुआ।

उधर, आगरा में इस अभियान में शामिल फौजियों के परिवारों को कुछ भी पता नहीं था। चोर्डिया की हाल ही में शादी हुई थी और उनकी पत्नी का मानना था कि उसके पति पुणे जा रहे हैं। भाटिया की पत्नी अपने पति के अचानक ही उन गंतव्यों पर जाने की आदी हो चुकी थीं जिनके बारे में उसे जानकारी नहीं होती थी और वह क्यों और कहां के बारे में पूछती भी नहीं थीं। परंतु वे याद करती हैं कि उस दिन अपराह्न कुछ असामान्य था। भाटिया के सेवाकाल के दौरान यह अकेला ऐसा मौका था जब उसका किशोरवय बेटा, जो अब खुद पैराट्रूपर है, उनकी जीप के सामने खड़ा हो गया और उसने अपने पिता से नहीं जाने के लिए कहा था।

श्रीमती भाटिया को तब कुछ खास होने की जानकारी मिली जब उनके पड़ोसी ने उनसे रात नौ बजे का दूरदर्शन का बुलेटिन देखने को कहा, जिसमें घोषणा की गई कि पैरा ब्रिगेड मालदीव जा रही है। वे रात भर जाग कर आगरा से उड़ान भरने वाले विमानों की गिनती करते रहे। वह बताती हैं कि उस रात उनके क्वार्टर के ऊपर से उड़ान भरने वाले करीब 35 विमानों की उन्होंने गिनती की थी।

~

हुलहुले पहुंचने से करीब एक घंटे पहले, चोर्डिया ने देखा कि एक व्यक्ति कॉकपिट के पीछे खामोशी से बैठा हुआ। उसे देखकर उत्सकुतावश, वह उस व्यक्ति के पास पहुंचे तो पता चला कि वह उच्चायुक्त बनर्जी थे। चोर्डिया घटनाओं से भरपूर उस दिन के संस्मरण

रेकॉर्ड करने को उत्सुक थे। वह याद करते हैं, 'हालांकि हमारे मालदीव पहुंचते-पहुंचते माहौल बहुत ही तनावपूर्ण हो गया था, मैंने महसूस किया कि यह मेरे लिए इस तरह की और इस पैमाने की सैन्य कार्रवाई से खुद को जोड़ने का एक बहुत ही दुर्लभ अवसर था। मैंने तुरंत ही नोट्स लिखने वाला अपना पैड निकाला और उच्चायुक्त से कहा, 'सर, कृपया मेरे लिए इस पर अपने विचार लिख दीजिए।' बनर्जी ने मुझे उपकृत करते हुए लिखा, 'मैं आशा करता हूं कि सब कुछ योजनानुसार हो।''

बनर्जी बताते हैं कि बलसारा और उनके अधिकारियों के साथ विचार विमर्श के अलावा पूरी उड़ान के दौरान वह खामोश और विचारमग्न ही थे। वह कहते हैं, 'पीछे मुड़ कर देखते हुए, उड़ान में किसी प्रकार के भय का भाव मुझे याद नहीं है, हालांकि हम एक अनिश्चित वातावरण में सैन्य कार्रवाई के माध्यम से एक दूसरे देश की मदद करने जा रहे थे और वहां पर निश्चितताओं से कहीं अधिक अनिश्चितताएं थीं।'

इसके बाद, चोर्डिया बलसारा के पास गए जो गहरी सोच में थे, और उनसे कहा, 'सर, आपके दिमाग में सबसे ज्यादा कौन सी बात चल रही है?' और अपनी डायरी निकाल ली। बलसारा ने लिखा, 'कल 1000 बजे तक, हम राष्ट्रपति और हवाई पट्टी को अपने कब्ज़े में कर लेंगे।' चोर्डिया विमान के पायलट ग्रुप कैप्टन गोयल के पास इसी तरह के अनुरोध के साथ जाने का साहस नहीं जुटा सके क्योंकि वह विमान उड़ा रहे थे।

चोर्डिया के बलसारा के पास पहुंचने से पहले, भाटिया ने उन्हें अपने

जीवन की संभवत: सबसे महत्वपूर्ण सैन्य कार्रवाई के बारे में निर्णय लेने के लिए जगा दिया था। बलसारा के निर्णय लेने की दक्षता और उनकी अहमियत को रेखांकित करने के लिए भाटिया लगातार उस क्षण को याद करते हैं जब बलसारा को 60 सैनिकों को पैराशूट से हवाई अड्डे पर उतारने या फिर विमान उतारने के बीच चुनाव करना था।

बलसारा ने भी इस बारे में लिखा है: 'भाटिया ने मुझे बताया कि हम शीघ्र ही हुलहुले के सीधे संपर्क में होंगे और बेवूर मेरा निर्णय जानना चाहते थे कि क्या हम पहले ढिल्लों और उनकी कंपनी को 'ड्रॉप' करें या उतरने का प्रयास करें। ठीक उसी समय कूट शब्द 'हदिया' सुनाई पड़ा। अब उस पल के बारे में सोचते हुए मैं कहना चाहूंगा, कोई भी कमांडर जिसने हकीकत के इन क्षणों का सामना नहीं किया है, वह वास्तव में सही निर्णय लेने की वजह से होने वाली खुशी का आनंद नहीं उठा सकता। मैंने हिंद महासागर के ऊपर करीब 2125 बजे इसका सामना किया और अब मैं न्यायसंगत रूप से कह सकता हूं कि मैंने सही निर्णय किया था।'

बलसारा के दिमाग में कुछ बातें घूम रही थीं। 'फिर भी इस बारे में पूरी तरह निश्चित नहीं था कि कहीं कोई विद्रोही एटीसी के आदमी के सिर पर पिस्तौल ताने हुए तो नहीं है। अगर हमें उतरने का झांसा देकर और विमान के धरती छूते ही हवाई पट्टी पर तोप चला दिया तो यह पूरी सैन्य कार्रवाई बुरी तरह विफल हो जाएगी। इस तरह से यह अभियान वहीं खत्म हो जाएगा।'

भाटिया याद करते हैं कि बलसारा ने एक मिनट के लिए अपनी आंखें बंद कीं, इस बारे में सोचा, और फिर साहसपूर्वक अपना जवाब

दिया। परंतु बाद में बलसारा ने इसे इस तरह नहीं देखा। 'मुझे याद नहीं कि मैंने इसके फायदे और नुकसान के बारे में सोचा हो, मैंने बस अनंत बेवूर से कहा कि आगे बढ़ो और विमान उतारो।'

अब सब कुछ इन दोनों पायलटों, गोयल और बेवूर के हाथों में था। बेवूर उस क्षण को याद करते हुए कहते हैं, 'हम हवाई अड्डे की सतह से करीब 25 किलोमीटर ऊपर थे जब हमने रनवे की लाइट जलाने के लिए कहा, वह करीब दस सेकेंड जली और फिर बुझा दी गई। लेकिन इसी बीच हमने तत्परता से विमान को रनवे की सीध में ले लिया था। आईएल-76 के नेवीगेशन कंप्यूटर कुपोल ने हमारा निर्देशन किया और हमने बिना रोशनी के अंधेरे में, अंधकारमय सागर की ओर नीचे उतरना जारी रखा।' बेवूर स्पष्ट करते हैं, 'हुलहुले के आसपास मूंगे का सागर मामले को और अधिक पेचीदा बना रहा था। प्रारंभिक पहचान स्थापित हो जाने के बाद और आगे रेडियो टेलीफोन से कोई संप्रेषण नहीं किया गया। हमारा मैपिंग राडार केपी-3 बहुत अधिक ध्वनियां पकड़ रहा था क्योंकि मूंगे का सागर इतना अधिक उथला था कि उसने राडार की स्क्रीन को ही रंग डाला था। रनवे की सही स्थिति का पता नहीं लगाया जा सका। न ही हमारे पास विमान के उतरने की दिशा और पहुंचने के मार्ग के साथ तालमेल बिठाने के लिए किसी प्रकार का परिप्रेक्ष्य ही था।'

बेवूर के दिमाग में इस अभियान के दौरान विमान उतारने की परिस्थितियां सजीव हैं । वह याद करते हैं, 'विमान का रेडियो एल्टीमीटर संकेत देता है कि हम समुद्र तल से करीब 200 मीटर की उंचाई पर हैं, मैंने 'लाइट्स' संदेश संप्रेषित किया। उन्होंने जलाई, हमने

संकेत दिया, अपनी बिजली बंद की और जैसे ही विमान के टायरों ने ज़मीन को छुआ, फिर से लाइट बुझा दी गई।'

चारों ओर घुप अंधेरा था, थोड़ी दूर चलने के बाद आईएल विमान एकदम ठहर गया। विमान के पिछले हिस्से का रैंप नीचे किया गया और समय गंवाए बगैर ही 150 सैनिक और दो जीपें इससे बाहर निकल गई थीं। इस वक्त रात के 9.48 बजे थे।

बलसारा ने सोचा, 'अभी तक तो सब कुछ ठीक है।'

भाटिया का मानना था कि इस अभियान का यह सबसे महत्वपूर्ण हिस्सा था। वह और उनके वरिष्ठ अधिकारी बलसारा कभी भी इस बात से आश्वस्त नहीं थे कि हुलहुले एटीसी में तैनात व्यक्ति ने विद्रोहियों से समझौता नहीं कर लिया होगा या फिर उसे भयभीत नहीं किया गया होगा या फिर वे तमिल भाड़े के सैनिकों द्वारा बिछाए गए जाल में तो नहीं फंस रहे हैं। सेना में उस समय तमिल टाइगर्स के काईयांपन की वजह से सैनिकों को उनके जाल में फंसाने और इस वजह से अक्सर ही बड़ी संख्या में उनके हताहत होने के बारे में तरह-तरह की कहानियों की भरमार थी। इस संदर्भ में उनके भय ने आकार लिया, हालांकि इसके बावजूद बलसारा ने पहले विमान में आने और फिर हुलहुले हवाई अड्डे पर उतरने का साहसिक निर्णय लिया।

दूसरे विमान को उतरने की सुविधा प्रदान करने के लिए पहले विमान को जब जल्दी-जल्दी खाली किया जा रहा था, तभी मलिक ने बनर्जी से पूछा कि क्या वह उनके साथ विमान से बैंगलोर लौटना चाहेंगे या फिर मालदीव में ही रहेंगे।

बनर्जी ने समय गंवाए बगैर ही कहा, 'मैंने संकोच नहीं किया। मैंने

कहा कि वह वापस जा सकते थे परंतु मैं यहीं रुकूंगा। मेरे दिमाग में यह साफ था कि मैं अपने प्रभार वाली जगह वापस आ गया हूं जहां मेरी अनुपस्थिति में विद्रोह हुआ है और इस मामले में अभी भी ध्यान देने की आवश्यकता है और मैं इस कार्रवाई का हिस्सा बनने जा रहा हूं।'

ईगल पहुंच चुका था। आगरा से हुलहुले तक की चार घंटे और 44 मिनट की उड़ान मालदीव से मदद के लिए दिल्ली को मिले पहले संदेश के ठीक 16 घंटे के भीतर सुरक्षित पहुंच गई थी। अब यह सीधी कार्रवाई का समय था।

~

भारतीय उच्चायुक्त साथ में थे और बलसारा अब गतिविधियों के बीच में थे। अंधाधुंध गोलियां चलने और बीच बीच में ज़ोरदार विस्फोटों की आवाज़ कुछ दूरी से आ रही थीं। बाहर निकल रहे सैनिकों की भीड़ के बीच ही भाटिया उनसे बिछड़ गए थे। विस्तृत जानकारी के साथ, दूसरे अधिकारी अपने अपने मिशन की ओर चल दिए थे। प्रारंभिक टुकड़ियां हवाई अड्डे और टर्मिनल को सुरक्षित अपने कब्ज़े में लेने के लिए फैल गई थीं। जैसे ही पहले विमान ने मुड़कर उड़ान भरी, दूसरा आईएल-76 उतरा और पांच मिनट से भी कम समय में उसने भी उड़ान भर ली। दूसरे विमान से आई सेना ने एटीसी, जेटी, ईंधन वाली जेटी और वायु क्षेत्र के उत्तरी और दक्षिणी छोरों को अपने नियंत्रण में ले लिया।

बलसारा कुछ बड़ी घास और टूटी-फूटी ज़मीन के बीच रास्ता बनाते हुए अपने बैटमैन और रेडियो ऑपरेटर के साथ टर्मिनल इमारत की ओर बढ़े। उन्हें भाटिया वहां मिल गए जो दूसरे विमान से पहुंचे

अन्य अधिकारियों के साथ थे। भाटिया ने उन्हें बताया कि उनके एक दल ने अभी अभी जेटी के पास भाड़े के सैनिकों के एक समूह को पराजित किया है जो वहां पर उतरने और नौकाओं पर कब्ज़ा करने का प्रयास कर रहे थे।

यही वह तथ्य था जो बलसारा और उनके दल को चिंता में डाले था – माले की यात्रा। तब क्या होगा अगर हुलहुले में ढोनी नहीं हुई या फिर वहां कोई नाविक नहीं हुआ? ऐसी स्थिति में उन्हें निकलने के लिए सेना की नौकाओं का इंतजार करना पड़ेगा जो बाद में एक अन्य विमान से पहुंचेंगी। इससे सारी कार्रवाई में देरी हो जाती और भाड़े के सैनिकों को इसका लाभ मिल जाता।

चोर्डिया एटीसी पहुंच गए, जो आवश्यकता पड़ने पर पैराशूट से उतरने के लिए निर्धारित क्षेत्र में पैराड्रॉप में मदद करने के लिए दूसरे सहयोगियों के साथ ही उतर गए थे। सेना द्वारा एटीसी का नियंत्रण अपने हाथ में लिए जाते ही उन्होंने माले में राष्ट्रपति के गोपनीय आवास पर उनसे संपर्क स्थापित करने का प्रयास किया। यह एटीसी में मौजूद मालदीव के एक वफादार अधिकारी के माध्यम से किया गया जिसने आईएल-76 को कूट शब्द संप्रेषित किया था और विमान के उतरते वक्त रनवे की लाइट जलाई थी।

सबसे पहले बनर्जी ने राष्ट्रपति से बात की। बनर्जी बताते हैं, 'मैंने राष्ट्रपति का संक्षिप्त स्वागत किया और उन्हें सूचित किया कि उनकी तत्काल मदद की अपील के जवाब में भारत ने आगे आने के लिए तुरंत कदम उठाए हैं। इसके बाद मैंने माइक ब्रिगेडियर बलसारा को सौंप दिया।'

राष्ट्रपति ने बलसारा से तेज़ी से कार्रवाई करने का अनुरोध किया क्योंकि विद्रोहियों ने उनके सुरक्षित आवास को घेर रखा था और वह नज़दीक में होने वाली गोलाबारी सुन सकते थे। बलसारा ने राष्ट्रपति से कहा, 'राष्ट्रपति महोदय, भारतीय सेना पहुंच गई है और वह अपना सर्वश्रेष्ठ काम करेगी।'

इस संक्षिप्त वार्तालाप में बलसारा ने राष्ट्रपति को बचाने के लिए अपने संकल्प को संयमित करके रखा। 'मैं उस दौर से नहीं गुज़रना चाहता था जो मैंने पिछले दस घंटे में अनुभव किया, 3000 किलोमीटर की उड़ान भरी और फिर यहां आकर उन्हें भाड़े के मुट्ठी भर सैनिकों के हाथों गंवा दूं।'

वह अपनी सेना को जल्द से जल्द माले कूच कराने के लिए प्रतिबद्ध थे और इस मौके पर बनर्जी की मौजूदगी बहुत सहायक सिद्ध हुई। मालदीव की राष्ट्रीय सुरक्षा सेवा के कुछ अधिकारी, जिन्होंने दिन के समय हवाई अड्डे को अपने नियंत्रण में लिया था, परंतु बाद में वे अपनी वर्दी उतारकर भीड़ में मिल गए थे, अब अंधेरे से बाहर निकल आए। बनर्जी ने उनमें से कुछ को पहचान भी लिया जो आमतौर पर राष्ट्रपति के कार्यालय और विदेश मंत्रालय में तैनात रहते थे। इससे अधिक महत्वपूर्ण यह था कि इनमें से अधिकांश ने बनर्जी को पहचान लिया और इसने पैराट्रूपर्स का काम काफी आसान कर दिया था क्योंकि उन्होंने ही जेटी से ढोनी की व्यवस्था की और माले जाने वाले रास्ते के लिए उनके गाइड और नाविक की भूमिका भी निभाई।

सेना की प्रत्येक कार्रवाई में एक से अधिक बार किस्मत का साथ होना भी ज़रूरी है और अभी तक पैरा ब्रिगेड कई मौकों पर काफी

खुशकिस्मत रही। विद्रोहियों ने हुलहुले हवाई अड्डे पर कब्ज़ा करने के बारे में सोचा नहीं था और सैनिकों को माले ले जाने के लिए हुलहुले में ढोनी उपलब्ध थी। इसके अलावा, बनर्जी की उपस्थिति गाइड और नाविकों को खोजने में भी काफी मददगार थी।

~

माले के समुद्र तट पर हमले की योजना को पुख्ता कर दिया गया था। हुलहुले में विद्राहियों की बहुत कम उपस्थिति देख, बलसारा ने मेजर आर.जे.एस. ढिल्लन के नेतृत्व में 6 पैरा की एक कंपनी को हवाई अड्डे से माले की दक्षिण पश्चिमी चौकी को सुरक्षित बनाने के लिए भेजने का फैसला किया, 6 पैरा के कमांडिंग ऑफिसर जोशी को ढिल्लन के पीछे आना था और माले में सैन्य अभियान का नियंत्रण लेना था जबकि बलसारा खुद हुलहुले में ही थे। कैप्टन आर.डी. पूनाकर के नेतृत्व में 3 पैरा की एक प्लाटून को इसके साथ ही दूसरी ओर से माले स्थित मरीन ड्राइव की मुख्य जेटी की तरफ धावा बोलना था जहां पहले से ही गोलाबारी जारी थी।

इसका मकसद विद्रोहियों का ध्यान पूनाकर की ओर आकर्षित करना था जबकि उसी दौरान ढिल्लन की कंपनी को समुद्र के किनारे अपना ठिकाना बनाकर और राष्ट्रपति को बचाना था। ढिल्लन को इसके बाद, दो अन्य अधिक जोखिम वाले मिशन दल के साथ, राष्ट्रपति को हुलहुले हवाई अड्डा क्षेत्र में सुरक्षित पहुंचाने की ज़िम्मेदारी सौंपी गई जबकि बाकी सेना को माले में विद्रोहियों से निबटना था।

इस दौरान, विभिन्न प्रकार की नौकाओं का इस्तेमाल करके, समुद्र तट पर हमले के लिए मोर्चाबंदी को क्रियाशील बनाया जा चुका था।

ढिल्लन के सैनिक चार बड़ी नौकाओं पर सवार हुए और खुले समुद्र में निकल पड़े, ढिल्लन सबसे आगे पहली नौका पर थे। खुले समुद्र में दो किलोमीटर दूर जाने पर भी वे हुलहुले से नंगी आंखों से हल्के-हल्के से नज़र आ रहे थे।

पूनाकर को जेटी पर उतरना नहीं था। यह भटकाने वाला तरीका था। परंतु उन्हें जेटी के बहुत नज़दीक देख बलसारा को महसूस हुआ कि उन्होंने मेरे आदेश को गलत समझ लिया और वह उस पर कब्ज़ा करने के लिए उतरने का प्रयास कर रहे हैं! और तभी उन्होंने गोलियों की आवाज़ सुनी। भाड़े के सैनिक जेटी पर गोलियां बरसा रहे थे। पूनाकर के सैनिकों को अब दूसरे संकेत की आवश्यकता नहीं थी – वे दस घंटों से इसी मौके का इंतज़ार कर रहे थे।

अब दोनों नौकाओं से बंदूकों से गोलियां दागी जा रही थीं। मशीन गन चलाने वाले सैनिक से लेकर राइफलधारी सैनिकों तक, सबकी उंगलियां ट्रिगर पर थीं जो उनके प्रशिक्षण के विपरीत था। दोनों नौकाओं ने जेटी पर गोलियों की बौछार कर दी। जेटी पर अचानक हुआ यह हमला भाड़े के सैनिकों के लिए बहुत ही अधिक था। जेटी से करीब 50 मीटर दूर, पूनाकर की नौकाएं बाहर की ओर मुड़ीं और फिर दूसरे हमले के लिए हुलहुले की ओर मुड़ गईं।

बलसारा ने राष्ट्रपति गयूम से गाइड तैनात करने के लिए कहा था ताकि समुद्र तट पर मोर्चेबंदी के बाद वहां से ढिल्लन के नेतृत्व में बचाव दलों का मार्गदर्शन किया जा सके। पहली बार तो ढिल्लन के दल के सदस्य अपने लक्ष्य से भटक गए परंतु आखिरकार वे बगैर किसी प्रतिरोध के उतरने और अपनी चौकी स्थापित करने में कामयाब

रहे। उनकी नौकाएं जोशी और दूसरी कंपनी को चौकी पर मोर्चेबंदी की तैयारी के लिए वापस लाने की खातिर हुलहुले लौट गई थीं।

इसी बीच, राष्ट्रपति गयूम ने बलसारा को फोन किया और उनसे जल्दी करने का आग्रह किया। उनकी स्थिति कमज़ोर हो रही थी और वह बहुत समय तक इस आवास में सुरक्षित नहीं रह सकते थे और उनका सुराग लग सकता था। बलसारा ने उन्हें भरोसा दिलाया कि उनके सैनिक माले पहुंच चुके हैं और किसी भी क्षण वे उन्हें सुरक्षा में ले लेंगे।

विद्रोहियों द्वारा रेडियो संचार को पकड़े जाने की आशंका को देखते हुए बलसारा रेडियो पर ढिल्लन को गाइडों के ठिकानों की जानकारी नहीं देना चाहते थे। मालदीव की राष्ट्रीय सुरक्षा सेवा के लेफ्टिनेंट ने, जिसने बनर्जी को पहचाना था और नौका पर ढिल्लन के साथ था, मालदीव के उप रक्षा मंत्री के घर तक उनका मार्गदर्शन किया, जो दिन में हुई गोलाबारी में ज़ख्मी हो गए थे । उप रक्षा मंत्री ने ढिल्लन को राष्ट्रपति के सुरक्षित आवास तक पहुंचाने के लिए उनको एक गाइड उपलब्ध कराया। परंतु जब ढिल्लन और उनका दल वहां पहुंचा तो राष्ट्रपति के सुरक्षाकर्मी बहुत ही अधिक घबराए हुए थे और उन्होंने ढिल्लन के दल को प्रवेश की अनुमति देने से इन्कार कर दिया।

मिनट दर मिनट इस तरह की रिपोर्टें बलसारा के धैर्य की परीक्षा ले रही थीं। हमारी मंशा के बारे में 'राष्ट्रीय सुरक्षा सेवा के इन जवानों को आश्वस्त करने में करीब आधा घंटा लगा और अब अपने धैर्य के लगभग अंतिम क्षणों में मैं ढिल्लन को अपना रास्ता बनाने और राष्ट्रपति को बचाने के लिए शूट करने का आदेश देने ही वाला था, तभी

सुरक्षाकर्मियों को सद्बुद्धि आई और उन्होंने हमारे जवानों को भीतर जाने दिया।'

चार नवंबर की रात में दो बजकर 40 मिनट पर भारतीय सेना के पैराट्रूपर्स ने मालदीव के राष्ट्रपति को आखिरकार सुरक्षित निकाल लिया। ढिल्लन और जोशी ने राष्ट्रपति गयूम को हुलहुले चलने के लिए मनाने का प्रयास किया। परंतु राष्ट्रपति ने ऐसा करने से साफ इन्कार कर दिया। इसकी बजाय वह चाहते थे कि उन्हें राष्ट्रीय सुरक्षा सेवा के मुख्यालय ले जाया जाए।

बलसारा ने बाद में अपने संस्मरण में लिखा, 'मैं उस समय तक एकदम अकेला और सबसे अधिक चिंतित व्यक्ति था जब तक मुझे राष्ट्रपति गयूम को सुरक्षित निकाल लेने की खबर नहीं मिल गई, क्योंकि एक बार अपनी सेना को भेज देने के बाद एक कमांडर अनिवार्य रूप से है एक तन्हा इंसान हो जाता है जिसके पास करने के लिए कुछ नहीं है। उसके कंधों पर ज़िम्मेदारी का ज़बर्दस्त बोझ होता है और वह उसे अकेले ही उठाता है।'

किसी भी अन्य सैन्य अभियान से अलग, जहां एक कमांडर अपने वरिष्ठ अधिकारी को रिपोर्ट करता है, बलसारा अपने किसी भी वरिष्ठ अधिकारी से हज़ारों मील दूर, पूरी तरह अपने दम पर थे। फैसले अकेले उन्हीं को लेने थे और उनकी ज़िम्मेदारियां भी उन्हें ही उठानी थीं। हालांकि हो सकता है कि उन्हें उस समय इस बात का अहसास नहीं रहा होगा कि उनके चौड़े कंधों पर एक क्षेत्रीय ताकत के रूप में भारत की प्रतिष्ठा टिकी है।

~

राष्ट्रपति गयूम को सुरक्षित निकालने की उनकी प्रमुख ज़िम्मेदारी उनके अपने निर्धारित समय से साढ़े सात घंटे पहले ही पूरी कर ली गई थी परंतु माले में स्थिति अभी भी नियंत्रण में नहीं थी। उन्होंने अपनी बाकी 6 पैरा बटालियन को माले भेजने का निर्णय किया जबकि हुलहुले हवाई अड्डे की ज़िम्मेदारी 3 पैरा को सौंपी गई जिसे उस रात वायु सेना की 60 उड़ानों में से एक में लाया गया था। ये आईएल-76, एएन-32 और एएन-12 विमान शेष पैरा ब्रिगेड और सेना के फील्ड अस्पताल को मालदीव लाए थे।

भोर होते-होते, द्वीपों में भाग रहे भाड़े के सैनिकों का पीछा करने के लिए सैनिकों को पहुंचाने के काम में भारतीय वायु सेना ने एमआई-8 हेलीकाप्टरों का बेड़ा तैनात कर दिया था। त्रिवेंद्रम से नीची उड़ान भर रहे मिराज 2000 लड़ाकू विमान ताकत का प्रदर्शन करते हुए मालदीव के द्वीपों के ऊपर से निकले।

भारत के शक्ति प्रदर्शन और पैराट्रूर्स की ज़बर्दस्त कार्रवाई से हताश भाड़े के कई सैनिकों ने हथियार डालकर समर्पण कर दिया। परंतु उनके नेता लुतूफी सहित कुछ भाड़े के सैनिकों ने माले बंदरगाह पर लंगर डाले जहाज़, एमवी प्रोग्रेस लाइट को अपने नियंत्रण में ले लेकर कई लोगों को बंधक बना लिया था, जिसमें मालदीव के एक मंत्री भी शामिल थे। ढिल्लन के राष्ट्रीय सुरक्षा सेवा मुख्यालय में पहुंचने के समय के आसपास ही लुतूफी ने जहाज़ को समुद्र में ले चलने के लिए बाध्य किया।

बनर्जी का दावा है कि सबसे पहले उन्होंने इस जहाज़ को आगे बढ़ते हुए देखा। 'मैंने देखा कि उस पर लाइट जल रही है और वह

धीरे-धीरे हमारी बाईं ओर चल रहा है। अचानक ही मेरे दिमाग में विचार कौंधा कि यह जहाज़ तो बंदरगाह से बाहर निकल रहा है। इस बीच, ब्रिगेडिर बलसारा और मैं अलग हो गए थे, अत: मैंने ज़ोर से चीखते हुए उनसे कहा कि एक जहाज़ बंदरगाह से बाहर जा रहा है। यह आधी रात के बाद की बात थी और इसने तत्काल मेरे मन में संदेह पैदा किया। ब्रिगेडियर बलसारा इस बात से सहमत थे कि संभवत: यही जहाज़ श्रीलंका से भाड़े के इन सैनिकों को लेकर आया था और अब वह भागने की कोशिश कर रहा है।'

बलसारा ने देखा कि जहाज़ माले बंदरगाह से चलकर हुलहुले की तरफ, द्वीप से करीब चार किलोमीटर दूर पूरब की ओर बढ़ रहा है। इस पर बहुत अधिक रोशनी हो रही थी और जैसे ही जहाज़ हुलहुले के समानांतर चला तो इसे बलसारा की फौज को एक लुभाने वाला निशाना उपलब्ध करा दिया। उन्होंने समुद्री रास्ते की ओर तैनात अपनी सेना को फायरिंग करने का आदेश दिया। मीडियम मशीन गनों ने गोलियां बरसाईं और रॉकेट दागने वाले दस्ते ने चार राउंड राकेट दागे। लेकिन तब तक जहाज़ ने गति पकड़ ली और वह हमले की सीमा से बाहर निकल गया।

इससे निराश बलसारा जहाज़ पर निशाना चूकने के कारण अपने जवानों पर गुस्से में बरसे। लेकिन अभी सब कुछ खत्म नहीं हुआ था। दक्षिणी छोर पर तैनात कैप्टन एन.एस. घेई ने जहाज़ की काली छाया को देख लिया था, जिसकी अब सारी बत्तियां बुझा दी गई थीं और जो बाएं से दाहिनी ओर बढ़ रहा था। उन्होंने भाटिया को रेडियो संदेश दिया। भाटिया ने उनसे जानना चाहा कि उनके ठिकाने से जहाज़ की

दूरी क्या है। घेई ने जवाब दिया कि अंधेरे और समुद्र की वजह से वह इसका अनुमान नहीं लगा सकते। भाटिया ने घई को इंतज़ार करने के लिए कहा क्योंकि वह कुछ सोच रहे थे। फिर उन्होंने आदेश दिया, 'फायर, एंड फायर।'

घेई ने शुरू में अपनी कार्बाइन स्टेनगन से फायरिंग की जिसकी मारक क्षमता मुश्किल से 50 गज ही थी और फिर हल्की मशीन गन का इस्तेमाल किया जो 400 मीटर तक मार कर सकती थी। इसी बीच, उनका गुप्तचर जेसीओ कंधे पर रखकर दागी जाने वाली कार्ल गुस्ताव 84 एमएम रॉकेट लांचर लेकर आया जिसका इस्तेमाल टैंकों को उड़ाने के लिए होता है। घेई और जेसीओ ने समुद्र तट के साथ ही दौड़ लगाई और वे तीन अत्यधिक धमाके वाले गोले दागने में कामयाब रहे। इनमें से एक गोला पानी से टकराने के बाद जहाज़ की स्टीयरिंग प्रणाली से टकराया और उसने जहाज़ के स्टीयरिंग व्हील को जाम कर दिया।

इस वजह से एमपी प्रोग्रेस लाइट सीधी रेखा में चलने के लिए मजबूर हो गया और अब वह व्यापारिक नौवहन की किसी लाइन में नहीं जा सकता था। एक बार नौवहन की लाइन में पहुंचने के बाद जहाज़ सैकड़ों दूसरे व्यापारिक जहाज़ों के बीच आसानी से छिप सकता था और ऐसी स्थिति में आसमान से उसकी पहचान करना असंभव हो जाता। इस समय तक बलसारा ने आदेश दे दिया था कि वायरलेस के ज़रिए जहाज़ के निर्देशांक गोवा में नौसेना के अड्डे को भेज दिए जाएं ताकि वे आगे की कार्रवाई कर सकें। अब जहाज़ दक्षिण—दक्षिण-पश्चिमी दिशा में बढ़ रहा था जो मलक्का की खाड़ी जाने का रास्ता था।

~

इसी बीच, माले में 6 पैरा के कैप्टर एम.के. सिंह को सुरक्षित आवास में राष्ट्रपति और उनके परिवार की सुरक्षा की ज़िम्मेदारी सौंपी गई जबकि ढिल्लन ने अतिरिक्त बल के साथ राष्ट्रीय सुरक्षा सेवा के मुख्यालय की ओर कूच किया। अभी भी भाड़े के सैनिकों ने मुख्यालय की घेराबंदी कर रखी थी जबकि उनके नेता पहले ही भाग निकले थे। विद्रोहियों के साथ ज़बर्दस्त गोलीबारी के बाद राष्ट्रीय सुरक्षा सेवा के मुख्यालय की घेराबंदी खत्म हुई। साथ ही, विद्रोहियों के साथ गोलीबारी के बाद माले में मरीन ड्राइव जेटी भी हासिल कर ली गई।

राष्ट्रीय सुरक्षा सेवा ने हुलहुले से बलसारा को लाने के लिए एक स्पीडबोट भेजी थी। उन्होंने अपना हेलमेट सिर पर रखा और बनर्जी भी ऐसा ही हेलमेट पहनकर उनके साथ हो लिए। बलसारा ने अपने साथ नहीं आने के लिए बनर्जी को समझाने का प्रयास भी किया, लेकिन उच्चायुक्त ने साथ चलने पर ज़ोर दिया। वे 15 किलोमीटर की यात्रा करके सवेरे 3 बजे माले के बीचफ्रंट पर उतरे। उन्होंने इस यात्रा को बहुत ही डरावना बताया जिसके दौरान मालदीव के तटरक्षक पानी में गति के सारे रेकॉर्ड तोड़ने के लिए आतुर थे। स्पीड बोट का अगला हिस्सा बार-बार लहरों की चपेट में तेज़ी से ऊपर-नीचे हो रहा था।

सवेरे करीब सवा तीन बजे, बलसारा और बनर्जी ने राष्ट्रीय सुरक्षा सेवा मुख्यालय में प्रवेश किया जहां एन.के. सिंह उसी समय राष्ट्रपति को लेकर पहुंचे थे। इस भवन में चारों ओर लाशें पड़ी हुई थीं, जो अधिकतर विद्रोहियों और भाड़े के सैनिकों की थीं ।दीवारों पर गोलियों के निशान इस बात का पर्याप्त सबूत थे कि भाड़े के सैनिकों ने मुख्यालय

के भीतर आने की हर संभव कोशिश की थी और एनएसएस के सुरक्षाकर्मी भी इन्हें भीतर नहीं आने देने के लिए उतने ही अडिग थे।

बनर्जी याद करते हैं कि राष्ट्रपति 'घबराए से लग रहे थे, परंतु अभी भी स्थिति पर उनका पूरा नियंत्रण था और वह हमारा स्वागत करके प्रसन्न थे। राष्ट्रपति के साथ उनके विदेश मंत्री तथा एक दो दूसरे लोग भी थे। उन्होंने समय से मदद करने के लिए हमारा आभार व्यक्त किया और कहा कि वह प्रधानमंत्री राजीव गांधी से बात करना चाहते हैं।'

दिल्ली और माले के बीच सैटेलाइट टेलीफोन संपर्क अभी भी काम कर रहा था और सवेरे चार बजे राष्ट्रपति गयूम ने एनएसएस मुख्यालय से राजीव गांधी से बात की। उन्होंने समय से मदद के लिए राजीव का धन्यवाद करते हुए कहा कि भारतीय सैनिकों का माले पर पूरा नियंत्रण है। रोनेन सेन बताते हैं कि उस समय राजीव अपने डेस्कटॉप कंप्यूटर पर 'हमेशा की तरह एक उंगली से टाइप करते हुए' काम कर रहे थे और राष्ट्रपति गयूम से बात करने के बाद ही वे सोने गए।

सेन के लंबे दिन को ध्यान में रखते हुए राजीव गांधी ने उन्हें थोड़ी छूट देते हुए कहा कि वह कार्यालय देर से आ सकते हैं। सेन बताते हैं, 'परंतु उन्हें मिली यह राहत थोड़ी देर ही रही।' राजीव ने उनसे कहा, 'सवेरे साढ़े नौ बजे के आसपास आ जाना।' और साथ ही यह भी जोड़ा, 'और उस दस्तावेज़ का मसविदा भी ले आना जिसे तैयार करने के लिए मैंने कहा था,' सेन याद करते हैं। सेन जब राजीव के अध्ययन कक्ष से बाहर निकले तो उनका अंतिम निर्देश था, 'रक्षा मंत्री (के.सी. पंत) को सफल कार्रवाई के लिए मेरी ओर से बधाई दे दो।' साथ ही

उन्होंने मुस्कुराते हुए यह भी कहा, 'रहने दो, हो सकता है वह सो रहे हों।'

~

प्रधानमंत्री और उनके दल ने दिल्ली में अंततः आज के दिन का काम खत्म किया, परंतु माले में तलाशी अभियान अभी भी जारी था। बलसारा ने 3 पैरा को माले रवाना किया और सवेरे पांच बजे उन्होंने राष्ट्रपति से कहा कि राष्ट्रीय सुरक्षा सेवा के सभी जवानों को अपनी वर्दी पहनने का आदेश दें। इन जवानों ने जब यह महसूस किया था कि विद्रोही हावी हो रहे हैं तो उन्होंने अपनी वर्दी उतार दी थी। ये लोग हथियार लिए इधर-उधर घूम रहे थे जिसकी वजह से पैराट्रूपर्स को बड़ी गलतफहमी हो रही थी। इसलिए बलसारा ने सवेरे सात बजे तक के लिए अपनी कार्रवाई रोक दी थी ताकि एनएसएस के सारे जवान अपनी वर्दी पहन लें।

इसी दौरान राष्ट्रपति से मुलाकात के बाद बनर्जी ने बलसारा से अनुमति मांगी और माले में टहलने निकले। उन्होंने पिछली रात के संघर्ष के सबूत देखे: कुछ लाशें, बुलेट के खाली खोल और सड़कों पर फैला हुआ कचरा। भारतीय सेना के पहुंचने की खबर फैलने और मालदीव की जनता को यह पता चलने पर कि उनके राष्ट्रपति सुरक्षित हैं, बनर्जी ने देखा कि लोग अपने घरों से निकलने लगे और सड़कों पर कतार में खड़े होकर हाथ हिलाकर तथा तालियां बजाकर अपना आभार प्रकट करने लगे। वे उच्चायोग की ओर बढ़ चले, अपनी ड्यूटी संभाली और दिल्ली में अपनी पत्नी को पिछले 16 घंटे के घटनाक्रम के बारे में बताने के लिए फोन किया। पिछली सुबह के बाद यह पहला अवसर था जब उन्होंने अपनी पत्नी से बात की थी। उनका स्टाफ और

सचिव इस बात से खुश थे कि उनके बॉस वापस आ गए हैं।

बलसारा द्वारा भाड़े के सैनिकों और उनके हथियारों की तलाशी का अभियान सवेरे पांच से सात बजे के बीच रोका गया तो यह स्पष्ट हो गया कि वहां पर नाश्ते की समस्या है – सेना के लिए रात में ही रसोई की व्यवस्था करने के लिए वक्त ही नहीं था और खाद्य सामग्री तथा रसोई का सामान अभी भी भारत से विमान से आ ही रहा था। इस समय मालदीव में 1600 भारतीय सैनिकों और पत्रकारों तथा कैमरामेन का एक बड़ा दल था, जो सवेरे तीन बजे पहुंचा था। पार्था के साथ आने वाला पत्रकारों का दल कुछ घंटे ही मालदीव में रुका और फिर वापस दिल्ली लौट गया।

राष्ट्रपति गयूम ने हुलहुले हवाई अड्डे पर जो कुछ भी खाने-पीने के लिए था, उसे भारतीय सैनिकों को मुहैया कराने का आदेश दिया। माले में पानी का खारापन दूर करने वाला संयंत्र काम नहीं कर रहा था। ऐसी स्थिति में अब पैरा ब्रिगेड की प्रशासनिक इकाई ने गोला बारूद और हथियारों की बजाए माले जाने वाले भारतीय वायु सेना के विभिन्न विमानों से पानी भेजने पर ध्यान केंद्रित किया।

अभियान अब सवेरे सात बजे शुरू होना था परंतु चार नवंबर को शुक्रवार का दिन था और चूंकि मालदीव इस्लामी गणतंत्र है, राष्ट्रपति ने उस दिन यह कार्रवाई नहीं करने का अनुरोध किया। बलसारा बेमन से ही इसके लिए सहमत हुए क्योंकि इससे भाड़े के सैनिकों को भाग निकलने का मौका मिल जाता। पैराट्रूपर्स उस समय तक भाड़े के करीब 30 सैनिकों को पकड़ चुके थे और उनके पास से भारी मात्रा में हथियार और गोला-बारूद बरामद किया गया था। तलाशी अभियान

निलंबित रखने के दौरान विद्रोहियों को बच निकलने से रोकने के लिए सेना ने तरह-तरह की देसी और बड़ी नौकाओं का इस्तेमाल करके माले के चारों ओर समुद्र में घेराबंदी कर दी थी।

विद्रोहियों की पहली नौका उस समय पकड़ी गई जब हुलहुले से माले जा रहे 6 पैरा के कमांडो ने संदेहास्पद सी लगने वाली नौका को धूनीडू द्वीप की ओर बढ़ते देखा। जैसे ही नौका ने गहरे समुद्र की ओर बढ़ते हुए गति लेनी शुरू की तो 6 पैरा के इस दल की कमान संभाल रहे सूबेदार प्रीतम सिंह ने उसका पीछा किया। इस बोट में सवार होने से पहले पैराट्रूपर्स और भाड़े के सैनिकों के बीच कुछ समय गोलीबारी भी हुई। नौका में हथियारों से लैस भाड़े के चार श्रीलंकाई तमिल सैनिक थे। इन सभी को पूछताछ के लिए माले लाया गया।

उस समय तक, भारत से वीआईपी सैन्य अधिकारियों का आना शुरू हो गया था। दक्षिण कमान और दिल्ली से प्रत्येक वरिष्ठ सैन्य अधिकारी इस सफल सैन्य अभियान का हिस्सा बनना चाहता था और इसने बलसारा पर कुछ दबाव पैदा कर दिया, जिन्हें सही मायने में अच्छे समय पर व्यवहार कुशल और विनम्र नहीं जाना जाता था । प्रतिकूल परिस्थितियों में सभी की जान जोखिम में डालते हुए उतरने के फैसले के लिए उनकी आलोचना भी हुई थी। बाद में सेना के एक वरिष्ठ अधिकारी ने उन्हें उनके रुखे व्यवहार के बारे में आगाह करते हुए लिखा भी था।

पांच नवंबर को सवेरे 8 बजे, भाटिया ने बलसारा को सूचित किया कि दिएगो गार्सिया के अड्डे से अमेरिका के तीन जंगी जहाज़ों का बेड़ा—एक हेलीकॉप्टर उतरने का प्लेटफॉर्म और एक ब्रिटिश

विध्वंसक—करीब चार घंटे की दूरी पर है और माले में लंगर डालने की अनुमति चाहता है। यह बेड़ा मदद के लिए राष्ट्रपति गयूम के अनुरोध के जवाब में रवाना हुआ था परंतु यह उस समय पहुंच रहा था जब भारतीय सेना अभियान खत्म कर चुकी थी। अमेरिकी टास्क फोर्स को मालदीव में लंगर डालने की अनुमति नहीं दी गई और इस तरह वह दिएगो गार्सिया लौट गया।

~

इस बीच, एमवी प्रोग्रेस लाइट भाड़े के सैनिकों के प्रमुख नेताओं और मालदीव के मंत्री तथा उनकी स्विस सास सहित सात बंधकों के साथ अभी भी समुद्र में था। पांच नवंबर की शाम, भारतीय नौसेना का एक आईएल-38 माले में उतरा। इस विमान में कमांडर नायक थे, जो बलसारा के लिए नौसेनाध्यक्ष के संपर्क अधिकारी थे। नायक को उस जहाज़ के बारे में बताया गया जिस पर फायरिंग की गई थी और जो समुद्र में दूर चला गया था। जहाज़ के अस्पष्ट विवरण और उसके समुद्र में जाने के सामान्य मार्ग की जानकारी से लैस आईएल-38 को माले से करीब 60 किलोमीटर दूर यह जहाज़ नज़र आया। जब पायलट ने नीची उड़ान भरी तो जहाज़ ने अचानक ही अपना मार्ग बदल दिया, इससे नायक के संदेह की पुष्टि हो गई। नौसेना ने तत्काल ही ऑस्ट्रेलिया और न्यूज़ीलैंड की सद्भावना यात्रा से लौट रहे *आईएनएस गोदावरी* को एमवी प्रोग्रेस लाइट को रोकने का निर्देश दिया। *आईएनएस गोदावरी* की कमान कैप्टन एस.वी. गोपालाचारी के हाथ में थी जो समुद्र में 82 दिन बिताने के बाद अपनी पत्नी के जन्म दिन के अवसर पर आठ नवंबर को घर पहुंचने की जल्दी में थे। लेकिन यह संदेश

चूंकि मुख्यालय से मिला था तो उन्होंने भी अचानक ही अपनी योजना बदल दी। प्रशिक्षण फ्रिगेट *आईएनएस बेतवा* को इस कार्रवाई में *आईएनएस गोदावरी* की मदद करने का निर्देश दिया गया।

नौसेना के ऑपरेशंस के तत्कालीन निदेशक और बाद में नौसेना के प्रमुख एडमिरल बने सुशील कुमार याद करते हैं, 'समुद्र में यह नाटक चल रहा था और उधर दिल्ली में नौसेना मुख्यालय में माहौल तनावपूर्ण परंतु प्रधानमंत्री राजीव गांधी की उपस्थिति से गौरवान्वित था, जो इस कार्रवाई पर पैनी निगाह रखे हुए थे। मालदीव के राष्ट्रपति ने व्यक्तिगत रूप से अनुरोध किया था कि विद्रोहियों को गिरफ्तार करके मुकदमे का सामना करने के लिए माले लाया जाए, अतः बंधकों की सुरक्षा सुनिश्चित करना और विद्रोहियों को गिरफ्तार करना निश्चित ही बहुत चुनौती भरा काम था।'

नवंबर, 1988 में *इंडिया टुडे* पत्रिका ने गोपालाचारी को यह कहते हुए उद्धृत किया था, 'शिपर्स चैनल 16 के जरिए पहला रेडियो संपर्क उस समय किया गया जब हम अभी भी कई मील दूर थे।' भाड़े के सैनिकों ने उन्हें कम से कम छह मील दूर रहने की चेतावनी दी और साथ ही धमकी दी कि यदि वह नज़दीक आए तो बंधकों को मार दिया जाएगा। चूंकि एमवी प्रोग्रेस लाइट सिर्फ़ छह समुद्री मील तक ही गया था, इसलिए नौसेना के जहाज़ों को दो से तीन मील की दूरी बनाए रखते हुए उसकी सख्ती से घेराबंदी करने में कोई खास परेशानी नहीं थी। उनकी मुख्य चिंता यह थी कि भाड़े के ये सैनिक इतनी दूरी पर सहजता से श्रीलंका के तट से आने वाली तेज़ गति की स्पीडबोट पर सवार होकर भाग सकते हैं।

सुशील कुमार बताते हैं कि समुद्र में कई घंटे तक निष्क्रिय रहने के बाद, भारतीय नौसेना के ऑपरेशंस कक्ष को श्रीलंका की नौसेना से बम धमाके की तरह एक संदेश मिला। इसमें कहा गया था, 'श्रीलंका की नौसेना को उसकी सरकार ने निर्देश दिया है कि विद्रोही जहाज़ यदि श्रीलंका के तट से सौ मील के दायरे में आता है, तो उसको नष्ट कर दिया जाए। हमारे सूत्रों ने भी पुष्टि की कि श्रीलंका की नौसेना की तोप से सुसज्जित नौकाएं कोलंबो के बंदरगाह से निकलने की तैयारी कर रही हैं।'

श्रीलंका की इस चेतावनी ने भारतीय नौसेना के सामने एक दुविधा की स्थिति उत्पन्न कर दी, क्योंकि विद्रोही इस जहाज़ को हर कीमत पर श्रीलंका ले जाने के लिए तुले थे। श्रीलंका की नौसेना को मिले आदेश की वजह से नौसेना के साथ टकराव की नौबत आ सकती थी जिसके परिणामस्वरूप बंधक मारे जा सकते थे। सौभाग्यवश, श्रीलंका में भारतीय शांति रक्षक बल की कार्रवाई की वजह से दोनों नौसेनाओं के बीच स्थापित कामकाजी रिश्तों ने स्थिति को शांत करने में मदद की।

लेकिन समय तेज़ी से निकल रहा था, गोपालाचारी को सीधा सा निर्देश दिया गया था, 'प्रोग्रेस लाइट को रोको।' *आईएनएस गोदावरी* एक मील से कुछ अधिक की दूरी पर पहुंच गया, एमवी प्रोग्रस लाइट पर सवार भाड़े के सैनिकों ने जवाबी कार्रवाई करते हुए दो बंधकों को ऊपर खींचकर उनके सिर उड़ा दिए। उनके शव जीवनरक्षक पेटी से बांधकर इस उम्मीद में समुद्र में फेंक दिए कि शायद यह वीभत्स दृश्य देखकर वे उनका पीछा करना बंद कर देंगे।

गोपालाचारी ने एमपी प्रोग्रेस लाइट से कहा कि वह समर्पण नहीं

करेगा तो फायरिंग शुरू हो जाएगी। परंतु भाड़े के सैनिकों ने उन्हें इसके लिए मजबूर कर दिया और *आईएनएस गोदावरी* ने ठीक तरह से जवाब दिया। जहाज़ से दागे गए 30 एमएम के विमानरोधी गोलों में से एक ने एमवी प्रोग्रेस लाइट के अगले हिस्से के निचले मस्तूल को ध्वस्त कर दिया और जहाज़ की स्पीडबोट में भी सुराख कर दिया। यही स्पीडबोट विद्रोहियों के बच निकलने का आसरा थी। एक हेलीकॉप्टर से समुद्र में गिराए गए विस्फोट से हुए ज़ोरदार धमाके ने विद्रोहियों के जहाज़ को बुरी तरह दहला दिया।

एमवी प्रोग्रेस लाइट के सेकंड अधिकारी वी.ए. विन्सेंट ने बाद में *इंडिया टुडे* से कहा, 'इस धमाके से नुकीले टुकड़े उड़कर चारों ओर गिरने लगे और इस कार्रवाई से भाड़े के सैनिक आतंकित होने लगे।' कम से कम तीन आतंकित भाड़े के सैनिक समुद्र में कूद गए। दुर्भाग्यवश, इस कार्रवाई में चार बंधक मारे गए।

इस बीच, गोदावरी और बेतवा से कार्यबल ने जहाज़ पर गोलियां दागीं और इस दौरान गोपालाचारी ने विद्रोही नेता लुतूफी के साथ तमिल में बातचीत शुरू की और वह उसे समर्पण करने के लिए राज़ी करने की कोशिश करते रहे। आखिर में लुतूफी हिम्मत हार गया। नौसेना के कमांडो ने जहाज़ पर धावा बोल दिया। नौसेना ने नौकाओं को नीचे उतारा और कूद पाने में सक्षम बंधकों को इसमें कूदने के लिए कहा। अन्य बंधकों को भाड़े के सैनिकों के साथ वापस लाया गया।

आईएनएस गोदावरी से अंतिम संदेश भेजा गया, 'बंधकों को सुरक्षित बचाया गया है और विद्रोहियों को पकड़ लिया गया है।' आठ नवंबर को *आईएनएस गोदावरी* छुड़ाए गए मंत्री और बंधकों और

पकड़े गए भाड़े के सैनिकों के साथ माले के तट से लगा। राष्ट्रपति गयूम ने माले में बंधकों की अगुवानी की। मालदीव के मंत्री की स्विस सास सहित अन्य ज़ख्मी बंधकों को इलाज के लिए विमान से त्रिवेंद्रम और फिर पुणे ले जाया गया।

यह सैन्य अभियान खत्म हुआ तो मुस्कुराते हुए राजीव गांधी ने ऑपरेशंस कक्ष में प्रवेश किया, वह इस मौके पर मज़ाक करने से खुद को रोक नहीं सके। उन्होंने मुस्कुराते हुए पूछा, 'आप लोगों ने सास को क्यों बचाया? आप मंत्री का कम से कम इतना तो भला कर ही सकते थे।'

~

पैरा ब्रिगेड 6 नवंबर को मालदीव से वापस लौटने लगे और 13 नवंबर तक 6 पैरा के 300 सैनिकों और सैपर्स की एक प्लाटून को छोड़कर सारी फौज को विमान से वापस आगरा ले आया गया। ये सैनिक करीब एक साल बाद भारत लौटे। इस अवधि में भारत ने राष्ट्रपति गयूम के साथ पहले से अधिक सक्रिय रूप से सहयोग किया और संयुक्त सचिव (बीएसएम) कुलदीप सहदेव ने इस दौरान मालदीव की कई बार यात्रा की। मालदीव में विकास की अनेक योजनाएं शुरू की गईं। रोनेन सेन बताते हैं कि इन योजनाओं में दोनों देशों की राजधानियों के बीच एक और सुरक्षित संचार संपर्क स्थापित करना भी शामिल थी।

ऑपरेशन कैक्टस की, जो इसका आधिकारिक नाम था, पूरी दुनिया में सराहना हुई। ब्रिटिश प्रधानमंत्री मार्ग्रेट थैचर की टिप्पणी थी, 'भारत को धन्यवाद। राष्ट्रपति गयूम की सरकार को बचा लिया गया। हम इतने कम समय में मदद के लिए यहां से सेनाएं नहीं भेज सकते थे।'

मालदीव में विद्रोह के प्रयास को विफल करने पर बधाई देते हुए अमेरिकी राष्ट्रपति रोनाल्ड रीगन ने कहा कि इस कार्रवाई को 'क्षेत्रीय स्थिरता के लिए महत्वपूर्ण योगदान के रूप में सदैव याद किया जाएगा।' टाइम पत्रिका ने रोज़ एम्रो को राजीव गांधी द्वारा दी गई सूचना की वजह से कवर स्टोरी की 'सुपर पावर राइज़िंग' (उभरता हुआ सुपर पावर)। पाकिस्तान के वरिष्ठ सैन्य अधिकारियों ने भी भारत के तत्परता से सहयोग करने पर हैरानी और सम्मान ज़ाहिर किया। परंतु इस सैन्य कार्रवाई में हिस्सा लेने वाले सैनिकों को कोई पदक नहीं मिला क्योंकि आमतौर पर सभी सैन्य अभियानों में वे यह करते हैं, चाहें कारगिल हो या सियाचिन या फिर श्रीलंका। चूंकि भारतीय सेना उसी दौर में श्रीलंका में भारी क्षति उठा रही थी, इसलिए मालदीव में एकदम त्रुटिहीन सैन्य कार्रवाई के लिए सेना को वीरता पदक मिलना मुश्किल था। मालदीव में सैन्य कार्रवाई में भारतीय सेना को जान का कोई नुकसान नहीं हुआ था। रक्षा मंत्रालय ने अभी तक इस ऑपरेशन के बारे में, जिसे बेहतरीन तरीके से अंजाम दिया गया और जिसकी पूरी दुनिया ने सराहना की, अपना अधिकृत विवरण जारी नहीं किया है ।

पीछे मुड़कर देखते हैं तो इस तरह के अभियान में असाधारण भूमिका निभाने वाले अधिकारी सोचते हैं कि 28 साल बाद और ताकतवर तथा शक्तिशाली हो चुका भारत अब क्यों इस तरह के दुस्साहसिक और रोमांचकारी अभियान के बारे में सपने में भी नहीं सोच पाएगा। उस दिन की भांति सरकार के सभी अंगों में इस तरह की मुस्तैदी और बेहतरीन तालमेल आज क्यों संभव नहीं दिखाई पड़ता।

ऑपरेशन कैक्टस की भाड़े के सैनिकों के नेता लुतूफी ने भी प्रशंसा

की। लुतूफी ने *आईएनएस गोदावरी* पर *इंडिया टुडे* से कहा, 'उमा महेश्वरन (पीएलओटीई, पीपुल्स लिबरेशन ऑर्गेनाइज़ेशन ऑफ तमिल ईलम) ने कोलंबो के करीब मेरे पॉल्ट्री फार्म में मुझसे संपर्क किया और कहा था कि इस देश पर कब्ज़ा कर लो।'

लेकिन जब उससे सवाल किया गया कि क्या उसे इस तरह के लापरवाही भरे अभियान के सफल होने की उम्मीद थी, उसने तपाक से दुस्साहसिक अंदाज़ में जवाब दिया, 'क्यों नहीं?' लुतूफी ने कहा, 'कोई भी इस तरह के मुल्क का राष्ट्रपति हो सकता है। सिर्फ़ हमारी किस्मत ने साथ दिया होता और कुछ और घंटों तक भारतीय फौज वहां नहीं पहुंची होती...'

ऑपरेशन पवन

जाफना का जनसंहार

एलटीटीई के शीर्ष कमांडरों ने जब भारतीय शांति रक्षक बलों द्वारा उन्हें श्रीलंकाई सरकार को सौंपे जाने से बचने के लिए सायनाइड की गोलियां खाकर अपना जीवन समाप्त किया तो उसी समय रातों रात भारतीयों और एलटीटीई के बीच सौहार्दपूर्ण रिश्तों में ठंडापन आ गया था। आईपीकेएफ को विद्रोहियों के साथ खूनी संघर्ष के लिए सीधे मुकाबले में उतार दिया गया था जिसके लिए वह पूरी तरह तैयार नहीं थी। उसके पास नक्शे या तोपखाना भी नहीं था और इस वजह से पहले ही उसे नुकसान उठाना पड़ा था। एक त्रासदीपूर्ण गलत आकलन की वजह से भारतीय सैनिकों को जाफना में एलटीटीई के गढ़ में हेलीकॉप्टरों से उतारा गया जहां उन्हें बहुत अधिक क्षति उठानी पड़ी और उन्हें हर तरह की प्रतिकूल परिस्थितियों से निबटते हुए अपना रास्ता बनाना पड़ा था। ऑपरेशन की शुरुआत ही खूनी संघर्ष के साथ हुई जिसमें अगले तीस महीनों के दौरान भारतीय सेना के करीब 1200 सैनिक शहीद हुए थे।

यह 5 अक्तूबर, 1987 का दिन था। उत्तरी श्रीलंका में पलाली सैनिक ठिकाने पर दोपहर बाद ज़बर्दस्त हलचल थी। हथियारों के साथ तैयार भारतीय सैनिक एक मंज़िला इमारत में इधर-उधर घूम रहे थे। मीडियम मशीन गन (एमएमजी) पर 7.62 एमएम की सैकड़ों गोलियों के साथ इमारत में मोर्चे पर लगाया गया था और ग्रेनेड की चेन का घेरा बनाया गया था: एक ग्रेनेड की पिन निकालने से उनमें एकसाथ विस्फोट होने लगते और इससे विनाशकारी धमाकों का तूफान सा आ जाता। भारतीय शांति रक्षक बल (आईपीकेएफ) के बख्तरबंद सुरक्षात्मक वाहन (एपीसी) की तोपों का मुंह उस इमारत की ओर था जिसमें 17 एलटीटीई कैदी थे। ये कोई साधारण कैदी नहीं थे। इनमें एलटीटीई के दो शीर्ष नेता बट्टीकलोआ कमांडर पुलेंद्रन और उसके त्रिंकोमाली कमांडर कुमारप्पा भी शामिल थे। पुलेंद्रन एलटीटीई के उस दस्ते का नेता था जिसने अप्रैल, 1987 में श्रीलंका के हैबराणा और किचूलातोवा में अब तक के एक सबसे बड़े खूनी हमले में महिलाओं और बच्चों सहित 126 सिंहली बस यात्रियों को गोलियों से भून दिया था। कुमारप्पा एलटीटीई सुप्रीमो वेलुपिल्लाई प्रभाकरण का साला था। ये लोग अपनी नौका में हथियारों की तस्करी कर रहे थे जब श्रीलंका की नौसेना ने दो अक्तूबर को पाल्क जलडमरू में प्वाइंट पेद्रो से इन्हें गिरफ्तार किया और फिर इन्हें पलाली लाया गया जहां उन्हें आईपीकेएफ की हिरासत में रखा गया था क्योंकि भारत, एक तटस्थ पक्ष के रूप में, एलटीटीई और श्रीलंका की सरकार के बीच मध्यस्थ की भूमिका निभा रहा था।

पलाली में भारतीय सेना की 54 तोपखाना ब्रिगेड कैदियों की प्रशासनिक प्रभारी थी। मेजर जनरल हरकीरत सिंह की कमान में 54

एयरबॉर्न डिवीज़न उस समय श्रीलंका में आईपीकेएफ का मुख्यालय था। इस सैनिक अड्डे पर श्रीलंकाई सैनिक और भारतीय सेना की 10 पैरा कमांडो बटालियन भी मौजूद थी। 5 अक्तूबर को कैदियों ने कुछ स्टेशनरी की मांग की, जो 54 तोपखाना ब्रिगेड के सैनिकों ने उन्हें मुहैया करा दी। दोपहर के करीब कैदियों के लिए खाना लाने वाला आया। भारतीय सैनिकों ने पिछले तीन दिनों की तरह इस बार भी सरसरी तौर पर निरीक्षण के बाद खाना जाने दिया। परंतु उस दिन इन सैनिकों की निगाह से खाने के डिब्बों में रखा एक महत्वपूर्ण सामान बच निकला। खाने के नीचे तमिल सालन से कहीं अधिक शक्तिशाली एक चीज़ छिपाकर लाई गई थी: वे थे सायनाइड कैप्सूल।

उस दिन सवेरे 10 बजे पैरा कमांडो दल के नेता मेजर श्योनन सिंह को 54 डिवीज़न से आदेश मिला कि इन कैदियों को दोपहर चार बजे श्रीलंका की सेना के हवाले कर दिया जाए। श्योनन सिंह के दल के सदस्यों ने भारतीय सैनिकों द्वारा इन कैदियों को श्रीलंका की सेना को सौंपने के बाद सुरक्षित तरीके से इमारत से बाहर आने के लिए सुरक्षात्मक उपाय के रूप में एमएमजी तैनात करने के साथ ही ग्रेनेड लगाए थे।

एलटीटीई कैदियों को श्रीलंका की सेना को सौंपना एक विवादास्पद मुद्दा था। श्रीलंका सरकार में भारत विरोधी गुट की मांग थी कि एलटीटीई के इन सदस्यों पर मुकदमा चलाने के लिए उन्हें कोलंबो लाया जाए। एलटीटीई का कहना था कि उसके आदमियों को माफी दी जा चुकी है और यदि उन्हें कोलंबो ले जाया गया तो वहां उन्हें यातनाएं दी जाएंगी। एलटीटीई को उम्मीद थी कि आईपीकेएफ श्रीलंका के दबाव के आगे झुकेगी नहीं। वैसे भी, श्रीलंका में तमिल मुद्दे का भारत समर्थन करता

रहा था, जिसके लिए एलटीटीई ने हथियार उठाए थे।

श्योनन को जो आदेश हासिल हो रहे थे, वो उनके राजनीतिक नतीजों को समझ रहे थे। उन्होंने दिल्ली में सैन्य ऑपरेशंस निदेशालय से अनुरोध किया कि एलटीटीई कैदियों को श्रीलंका की सेना को नहीं सौंपा जाए। इससे एलटीटीई और आईपीकेएफ के बीच खतरनाक तरीके से रिश्ते बिगड़ जाएंगे और श्रीलंका और भारत दोनों में ही तमिल अलग-थलग पड़ जाएंगे। परंतु इसका कोई असर नहीं हुआ। इस बातचीत को सुनने वाले कुमारप्पा ने श्योनन से पूछा, 'तुम यह सब क्यों कर रहे हो? हमारे नेताओं ने हमसे कहा है कि यदि हमें श्रीलंकाई सेना को सौंपा जाता है तो हम अपना अंतिम भोजन ग्रहण करेंगे अपने अंतिम पत्र लिखेंगे।'

उस समय, कुमारप्पा ने श्योनन से जो कुछ कहा उसका महत्व उनकी समझ में नहीं आया। उनके ये शब्द बाद में उनका पीछा करते रहे।

उन्होंने अपनी घड़ी की ओर देखा। शाम चार बजे थे। वे श्रीलंका की सेना के कर्नल के पास गए और उन्होंने एलटीटीई कैदियों का प्रभार उन्हें सौंपते हुए कहा, 'सब आपके हैं और मैं आपके लिए शुभ चाहता हूं।' श्योनन ने इसके बाद कर्नल जीएस – जनरल हरकीरत सिंह के प्रमुख स्टाफ अफसर को वायरलेस रेडियो पर सूचित किया कि एलटीटीई के कैदी अब श्रीलंका की सेना की हिरासत में हैं।

श्योनन और उनके सैनिक वहां से 500 मीटर दूर अपने ठिकाने पर लौट गए। थोड़ी ही दूर स्थित डिवीज़न हेडक्वार्टर से एक स्टाफ अफसर कुछ ही मिनटों में दौड़ता हुआ आया। उसने श्योनन से इमारत में लौटने और इन कैदियों की हिरासत श्रीलंका के हाथों से वापस लेने

के लिए कहा। इससे क्रुद्ध श्योनन ने जवाब दिया कि उन्हें ऐसा करने के लिए स्पष्ट आदेश चाहिए। कुछ मिनट बाद ही कर्नल जीएस, जिन्होंने कुछ साल पहले वेलिंगटन स्थित स्टाफ कॉलेज में श्योनन को पढ़ाया था, व्यक्तिगत रूप से उनके पास यह कहने के लिए आए कि श्रीलंका की सेना के हाथों से कैदियों को वापस ले लिया जाए।

श्योनन का जवाब था: 'यदि श्रीलंका की सेना इन कैदियों को नहीं लौटाए तो क्या मुझे गोली चलानी होगी? मुझे क्या करना होगा यदि श्रीलंकाई सेना ने एलटीटीई के कैदियों पर गोलियां चला दीं? यदि दोनों पक्षों ने एक दूसरे पर गोलियां चलाना शुरू कर दिया तो क्या होगा?' वह एकदम स्पष्ट आदेश चाहते थे। कर्नल जीएस ने दिल्ली में सैन्य ऑपरेशंस निदेशालय के माध्यम से इन सवालों के जवाब हासिल करने की कोशिश की परंतु अब तक काफी देर हो चुकी थी। वह जब फोन पर बात कर रहे थे, श्योनन को श्रीलंका की सेना से वायरलेस संदेश मिला: पुलेंद्रन, कुमारप्पा और अन्य कैदियों ने सायनाइड की गोलियां खा ली हैं। और इनमें से 13 की मौत हो चुकी है।

कैदियों की खुदकुशी ने एलटीटीई में भारत और आईपीकेएफ के प्रति कड़वाहट और हिंसक भाव भर दिए। 5 अक्तूबर 1987 को नई दिल्ली द्वारा दिखाई गई अनिश्चितता का एक लंबा, गहरा और खूनी साया पड़ने वाला था, जिसका अंजाम मई 1991 में एलटीटीई द्वारा राजीव गांधी की हत्या के रूप में सामने आया। लेकिन फौरी नतीजा एक फौजी हार के रूप में निकला।

~

एलटीटीई विशेषरूप से भारत के रवैए से आहत थी और इसे वह

विश्वासघात के रूप में देखती थी, क्योंकि भारत सरकार ने वर्षों तक श्रीलंका में तमिल समुदाय के लिए समान राजनीतिक अधिकार की मांग का समर्थन किया था। एलटीटीई को नई दिल्ली से बहुत उदारता के साथ सहायता और सहयोग मिला था, जो प्रभाकरण और उसके दल 'अपने लड़कों' के रूप में देखती थी, और उन्हें धन और भारतीय गुप्तचर एजेंसियों द्वारा प्रशिक्षण मुहैया कराने के साथ ही उनका मार्गदर्शन किया जाता था। इसमें कोई संदेह नहीं कि एलटीटीई का हत्या और मारकाट का रेकॉर्ड दिल दहलाने वाला था, परंतु इस संगठन को और वह जिस मकसद का प्रतिनिधित्व कर रहा था उसको तमिलनाडु में जनता का व्यापक समर्थन था। जून, 1987 तक श्रीलंकाई तमिलों की यात्राएं काफी हद तक भारत की श्रीलंका नीति पर निर्भर करती थीं। उसी महीने, दिल्ली ने श्रीलंका की सेना की घेरेबंदी की वजह से जाफना में फंसे तमिलों को मानवीय आधार पर सहायता उपलब्ध कराने के लिए उत्तरी श्रीलंका में निशस्त्र जहाज़ों का बेड़ा भेजने की घोषणा की थी। श्रीलंका की नौसेना ने इन जहाज़ों को रोक लिया और भारत लौटने के लिए बाध्य किया। नौसेना का यह अभियान विफल होने पर राजीव गांधी ने जाफना में तमिलों के लिए विमान से राहत सामग्री गिराने का निर्णय लिया। इससे तमिलों की निहत्थी जनता के प्रति भारत की चिंता का पता चलता था और इससे श्रीलंका सरकार को यह संकेत भी दिया गया कि श्रीलंकाई तमिलों के समर्थन में भारत, यदि ज़रूरी हुआ तो, भारतीय सेना के सक्रिय हस्तक्षेप के विकल्प का इस्तेमाल कर सकता है।

अपनी राजनीतिक इच्छा शक्ति का परिचय देने के बाद, तमिलों के

अधिकार सुनिश्चित करने और इस देश में शांति बहाल करने के उद्देश्य से राजीव गांधी ने 29 जुलाई, 1987 को श्रीलंका के राष्ट्रपति जे. जयवर्धने के साथ भारत-श्रीलंका समझौते पर हस्ताक्षर किए। इस समझौते की शर्तों के अंतर्गत, कोलंबो को इन राज्यों को सत्ता का हस्तांतरण करना, श्रीलंका को अपनी सेना को उत्तरी हिस्से से वापस बैरकों में वापस बुलाना और तमिल विद्रोहियों को निहत्था करना शामिल था। एलटीटीईई ने इस समझौते पर हस्ताक्षर नहीं किए थे और उसने शुरू के कुछ महीनों में संतुलन बनाए रखने का संवेदनशील खेल खेला। उसने इस समझौते का समर्थन करने का दावा किया – उसने अगस्त महीने के प्रारंभ में कुछ पुराने हथियारों के साथ सांकेतिक रूप से समर्पण भी किया – परंतु वह लगातार ज़ोर देकर यह कहता रहा कि श्रीलंकाई सरकार इस समझौते के अपने वायदे का सम्मान नहीं कर रही है।

इस समझौते के अंतर्गत, भारतीय सैन्य दल, जिसे भारतीय शांति रक्षक बल (आईपीकेएफ) का नाम दिया गया, श्रीलंका भेजा गया। इसे मुख्य रूप से वहां पुलिस की ड्यूटी करनी थी। मेजर जनरल हरकीरत सिंह, जो सिकंदराबाद स्थित करीब दस हज़ार सैनिकों वाले 54 एयरबॉर्न डिवीज़न को कमांड कर रहे थे, पलाली स्थित ठिकाने पर आईपीकेएफ के पहले कमांडर बने। इस समझौते पर हस्ताक्षर होने के छह घंटे के भीतर ही उनकी फौज सिकंदराबाद से श्रीलंका के लिए रवाना हो गई थी।

सिकंदराबाद से भारतीय फौज को रवाना करते वक्त कोई विस्तृत सैन्य योजना तैयार नहीं की गई थी क्योंकि किसी ने भी यह कल्पना

ही नहीं की थी कि भारतीय सैनिकों को एलटीटीई से संघर्ष करना होगा या फिर एलटीटीई इतने ज़्यादा मज़बूत लड़ाके साबित होंगे। कोलंबो में भारत के तत्कालीन उच्चायुक्त जे.एन. दीक्षित (वह आगे चल कर 2004 में प्रधानमंत्री मनमोहन सिंह के राष्ट्रीय सुरक्षा सलाहकार बने) ने बाद में अपने संस्मरण में इसका ज़िक्र किया, 'हरकीरत ने मुझसे कहा कि वह आईपीकेएफ की ज़िम्मेदारी बहुत सीमित रूप में देखते हैं, और वह है जाफना और त्रिंकोमल्ली में कानून व्यवस्था कायम करना, क्योंकि इन क्षेत्रों से श्रीलंका की सेना और अर्धसैनिक बलों को वापस बुला लिया गया है।'

जब दीक्षित ने ज़िक्र किया कि आईपीकेएफ पर इस समझौते पर अमल सुनिश्चित कराने की अतिरिक्त ज़िम्मेदारी आ सकती है, हरकीरत का जवाब था: 'यह तो सब ठीक है, सर, परंतु मैं उम्मीद करता हूं कि हम इस समझौते की वजह से शूटिंग मैच में शामिल नहीं हों।'

परंतु ठीक यही हुआ। यह सुनिश्चत करने के प्रयास में कि श्रीलंका सरकार और एलटीटीई दोनों ही भारत-श्रीलंका समझौते का पालन करें, आईपीकेएफ को जल्द ही अहसास होने लगा कि उस पर दोनों पक्षों की ओर से दबाव है। एलटीटीई के कैदियों की सामूहिक आत्महत्या की घटना के बाद एलटीटीई द्वारा भारत-श्रीलंका समझौते से हटने की घोषणा के साथ ही आईपीकेएफ का संतुलन बनाने का नाज़ुक और बहुत ही कठिन काम बुरी तरह ढह गया। प्रभाकरण और उसके साथी खुलकर आईपीकेएफ के साथ टकराव के मार्ग पर आ गए थे। एलटीटीई ने उत्तरी श्रीलंका में विभिन्न स्थानों पर भारतीय सेना पर हमले करना शुरू कर दिया। भारत को बहुत ही तेज़ी से अपनी रणनीति बदलनी

पड़ी और जो उसके पहले वाले तमिल समर्थक नज़रिए से लगभग उलट थी। कैदियों की सामूहिक आत्महत्या की घटना के एक दिन बाद, भारत के सेनाध्यक्ष जनरल के सुंदरजी ने जाफना पर एलटीटीए से नियंत्रण छीनने के लिए ऑपरेशन पवन शुरू किया।

इसके बाद, अगले 30 महीनों तक, सेना की विभिन्न यूनिटों ने ऑपरेशन पवन में हिस्सा लिया। इस अभियान के प्रारंभ में शामिल की गई यूनिटों को सबसे अधिक नुकसान उठाना पड़ा। श्योनन की यूनिट, 10 पैरा कमांडो भी ऐसी ही एक यूनिट थी।

~

1987 में भारतीय सेना में सिर्फ़ तीन पैरा कमांडो बटालियन 1, 9 और 10 ही थीं और इनमें स्वेच्छा से सेवा के लिए शामिल वे लोग थे जिनकी सैन्य प्रतिभा के मामले में सर्वश्रेष्ठ में भी श्रेष्ठतम की छवि थी। शारीरिक रूप से हट्टे-कट्टे, मानसिक रूप से मज़बूत और छोटे दलों में अपने आप ही निर्णय लेने में प्रशिक्षित थे। इस दल के सदस्य अपने ही अंदाज़ में एकदम अलग नज़र आने वाला मैरून रंग का टोप पहनने के साथ ही अपनी शर्ट पर बलिदान लिखा बैज लगाकर अत्यधिक गौरवान्वित महसूस करते हैं।

मेजर जनरल के पद से सेवानिवृत्त हुए श्योनन सिंह ऊंचे कद और चौड़े कंधे के इंसान हैं और पैरा कमांडो होने के लिए उनकी पृष्ठभूमि गैरमामूली मालूम पड़ती है। उन्होंने रुड़की विश्वविद्यालय से इंजीनियरिंग में स्नातक किया था और फिर सेना में सैपर अधिकारी के रूप में भर्ती हुए थे, हालांकि प्रारंभिक सैन्य पाठ्यक्रमों में वह अव्वल रहते थे, उनकी साफगोई और बगैर लाग-लपेट के बोलने का अंदाज़

उनकी इंजीनियरिंग यूनिट के कई वरिष्ठ सहयोगी उन्हें पसंद नहीं करते थे। उन्होंने अत्यधिक कड़ी मेहनत वाले कमांडो पाठ्यक्रम को स्वेच्छा से चुना और उन्हें इसके लिए बेलगाम भेज दिया गया।

कमांडो के पांच सप्ताह के पाठ्यक्रम में ऊंची दीवारों से कूदना, संकरे प्लेटफॉर्म और बीम पर चलना, हेलीकॉप्टर से रस्सी के सहारे नीचे उतरना, 18.5 किलो की युद्ध सामग्री और राइफल के साथ 40 किलोमीटर तक दौड़ लगाना, लड़ाई में बाधाओं संबंधी पाठ्यक्रम, चट्टानों पर चढ़ाई, रज्जू आरोहण (रैपलिंग), कॉम्बैट फायरिंग और आत्मविश्वास कूद आदि शामिल है। कमांडो को हर परिस्थिति में ज़िंदा रहने की तकनीक सिखाई जाती है – खाने के लिए जो भी मिले उसी के सहारे ज़िंदा रहना। इसमें सांपों को खाना भी शामिल है। एक बार जब कमांडो सांप मारकर खाता है तो इसका तर्क यह होता है कि वह किसी भी चीज़ के साथ संकोच नहीं करेगा।

श्योनन, बेलगाम में संपन्न इस पाठ्यक्रम में अव्वल रहे और बाद में वह प्रशिक्षक के पद पर भी तैनात हुए। दो साल बाद वह 10 पैरा कमांडो में शामिल हो गए जो जोधपुर में तैनात थी।

जुलाई 1987 में वह जोधपुर पहुंचे थे। वह अभी छुट्टी पर ही थे, जब उन्हें देर रात आदेश मिला: उन्हें 10 पैरा कमांडो को लेकर हवाई क्षेत्र में पहुंचना है जहां से उन्हें विमान से अज्ञात स्थान पर ले जाया जाएगा। इससे पहले, उनके कमांडिंग ऑफिसर (सीओ) ले. कर्नल दलबीर सिंह को दिल्ली में सेना मुख्यालय में बुलाया गया था और उन्हें भी हवाई क्षेत्र में ही यूनिट में शामिल होना था।

यूनिट के 560 सदस्यों में से 254 को एकत्र करके – बाकी सदस्य

ग्रीष्मावकाश पर थे – श्योनन विमान पर सवार हुए। शीघ्र ही दलबीर सिंह भी उनके साथ आ गए और जब विमान ने उड़ान भर ली तब चालक दल को बताया गया कि उनका गंतव्य तमिलनाडु में सुलुर है। परंतु वास्तव में, उनका अंतिम गंतव्य श्रीलंका था।

थोड़ी ही देर बाद पैरा कमांडो सुलुर में उतरे, दलबीर सिंह के नेतृत्व में 20 कमांडो का एक दल भारतीय उच्चायोग की सुरक्षा के लिए कोलंबो रवाना हो गया। उनका मुख्य काम विद्रोह होने की स्थिति में श्रीलंका के राष्ट्रपति को सुरक्षित भारतीय उच्चायोग में पहुंचाना था। 110 पैरा कमांडो का दूसरा दल उत्तरी श्रीलंका के पलाली गया। किसी भी तरह का संकट उत्पन्न होने की स्थिति में, इस दूसरे दल को पहले दल की मदद के लिए भारतीय वायु सेना के हेलीकॉप्टरों से कोलंबो ले जाना था। श्योनन 110 पैरा कमांडो के तीसरे और अंतिम दल का हिस्सा थे। इस दल को भी पलाली भेज दिया गया था: इसे व्रिदोह होने या किसी अन्य प्रकार का संकट होने की स्थिति में कोलंबो हवाई अड्डे पर कब्ज़ा करने की ज़िम्मेदारी सौंपी गई थी।

दिल्ली में भारतीय सेना के मुख्यालय ने श्रीलंका के राष्ट्रपति को पदच्युत किए जाने के प्रयास की संभावना को ध्यान में रखते हुए अधिकांश आकस्मिक योजनाएं तैयार की थीं। दुर्भाग्य से, उन्होंने एलटीटीई के अपने भारतीय आकाओं के खिलाफ़ चले जाने की स्थिति से निबटने के लिए कभी कोई योजना ही नहीं बनाई थी।

~

पलाली में तैनात दोनों पैराकमांडो दलों ने कुछ दिनों तक संघर्ष करने के साजोसामान से लैस अपने 'डोर लोड्स' तैयार रखे थे और कूच

करने का आदेश मिलते ही रवानगी के लिए तैयार थे। 'डोर लोड' हथियारों, गोलाबारूद और लड़ाई के दौरान ज़रूरी दूसरी सामग्री का एक पैकेट होता है, इसके ऊपर एक बत्ती लगी होती है जो पैकेट के ज़मीन पर टकराते ही टिमटिमाने लगता है। ये 'डोर लोड' विमान या हेलीकॉप्टर से पैराकमांडो के निकलने के पहले नीचे गिराया जाता है।

श्योनन और उनका दल जाफना के बाहरी क्षेत्र में स्थित पलाली में ठहरा था। पलाली एक महत्वपूण सैन्य हवाई अड्डा था जिसका निर्माण द्वितीय विश्वयुद्ध के दौरान ब्रिटिश हुकूमत ने किया था और वह जाफना प्रायद्वीप के लिए मुख्य जीवन रेखा था। इस हवाई अड्डे के चारों ओर 25 वर्ग किलोमीटर का उच्च सुरक्षा वाला यह क्षेत्र आईपीकेएफ का मुख्यालय और उस देश में भारतीय सेना की सभी कार्रवाई का मुख्य केंद्र था। जाफना में श्योनन के समय का एक एक विवरण अभी भी उनके दिमाग में है, हालांकि वे जिन घटनाओं को याद कर रहे हैं वो करीब तीस साल पहले हुई थीं। इसमें शामिल अधिकतर दूसरे सैन्य अधिकारी इन घटनाओं के बारे में, जो एक बहुत भयावह नाकामी बन गई थी, बात ही नहीं करना चाहते। एक पूर्व पैरा कमांडो ने कहा, 'मैं तो इसे भूल चुका हूं और आगे निकल गया हूं। उन दिनों के बारे में अपनी याद ताज़ा करने की मेरी कोई इच्छा नहीं है।'

पैरा कमांडो, अपने मिले प्रशिक्षण और भूमिका की वजह से हमेशा ही किसी भी आपात स्थिति के लिए सतर्क रहते हैं। लेकिन दृढ़ राय रखने वाले व्यक्ति श्योनन, जो इसे व्यक्त करने में संकोच नहीं करते, कहते हैं कि बाकी सेना संघर्ष के लिए मानसिक रूप से तैयार नहीं थी। वह कहते हैं, जनरल हरकीरत सिंह ने आईपीकेएफ को सिकंदराबाद

के शांति स्टेशन के विस्तार के रूप में ही देखा। यदि उन पर छोड़ दिया जाता, तो वह वहां परिवार कल्याण मीटिंग्स बुलाते।' एलटीटीई का मुकाबला करने की ज़िम्मेदारी निभाने के लिए हरकीरत सिंह की पूरी तैयारी नहीं थी और वह तेज़ी से बदलते हालात के अनुरूप तत्परता से ढलने के भी इच्छुक नहीं थे।

ऑपरेशन पवन शुरू होने के कुछ समय बाद ही, जनरल सुंदरजी ने कोलंबो में घोषणा की कि भारतीय सेना एक सप्ताह में एलटीटीई का सफाया कर देगी। 6 अक्तूबर के दिन ऑपरेशन पवन शुरू हुआ, मराठा बटालियन ने जाफना में एलटीटीई के छापेखानों को नष्ट कर दिया और इसके साथ ही विभिन्न स्थानों पर एलटीटीई और आईपीकेएफ के बीच झड़पें शुरू हो गईं। परंतु यह सूचना आईपीकेएफ की सारी फौज के साथ साझा नहीं की गई। पलाली में श्योनन और उनके दल के सदस्यों को निश्चित ही इसकी जानकारी नहीं थी।

10 अक्तूबर, पलाली से शाम को करीब पांच बजे पैरा कमांडो की एक टुकड़ी अपनी सामान्य ड्यूटी के रूप में पश्चिम में तीन किलोमीटर दूर स्थित कणकासंतुरै के राशन मिलने वाले स्थान से खाना लेने निकली थी। सड़क मार्ग से यह दस मिनट का सफर था। जब उनके दल के आदमी शाम साढ़े छह बजे तक वापस नहीं लौटे तो श्योनन डिवीज़न मुख्यालय तक पैदल ही गए और उनसे कहा, 'हमारी जोंगा और पांच आदमी लापता हैं और हम उनकी खोज खबर के लिए जाना चाहते हैं।'

कर्नल जीएस ने जवाब दिया, 'भगवान का शुक्र है कि कोई जाकर पता लगाना चाहता है।' तभी श्योनन को पता चला कि ऐसा ही हादसा

आईपीकेएफ की अन्य टुकड़ियों के साथ भी हुआ था – उस दिन 30 से अधिक सैनिक लापता हो गए थे, परंतु अधिकांश यूनिटों ने अपने जवानों की खोज के लिए जाने में दिलचस्पी नहीं ली थी। श्योनन ने एक गश्ती का नेतृत्व किया लेकिन वह अपने आदमियों या उनके वाहन का पता नहीं लगा सके। जोंगा तो दो महीने बाद एक मकान से बरामद हुई परंतु पांच आदमियों के शव कभी भी नहीं मिले।

यह 1971 के युद्ध के बाद 10 पैरा कमांडो को हुई पहली क्षति थी।

~

जब एलटीटीई ने आईपीकेएफ के खिलाफ युद्ध की घोषणा की, हरकीरत सिंह ने पाया कि उनके पास फौज की कमी है। उन्हें और सेना की ज़रूरत थी। सैन्य मुख्यालय ने पहले ही ग्वालियर में ब्रिगेडियर बी.डी. मिश्रा के नेतृत्व में करीब आठ सौ जवानों की प्रत्येक बटालियन वाली पैदल सेना की तीन बटालियनों वाली 72 पैदल सेना की ब्रिगेड को श्रीलंका में किसी भी आकस्मिक स्थिति में त्वरित कार्रवाई बल के रूप में निर्धारित कर रखा था। मिश्रा का ब्रिगेड हेडक्वार्टर उनकी तीन में से दो बटालियनों 4/5 गोरखा राइफल्स (4/5 जीआर) और 13 सिख लाइट इन्फैन्टरी (13 सिख एलआई) के साथ 11 अक्तूबर को सवेरे 10 बजे विमान से पलाली पहुंच गया।

सिख एलआई के वहां उतरने के तुरंत बाद, श्योनन और 13 सिख एलआई के कमांडिंग ऑफिसर ले. कर्नल आर.एस. सेठी को डिवीज़न हेडक्वार्टर में ब्रीफिंग के लिए बुलाया गया। सेठी उस आदेश के लिए बिल्कुल भी तैयार नहीं थे जो उस दिन उन्हें मिला। उनकी बटालियन को उस रात हेलीकॉप्टर से होने वाली कार्रवाई के लिए जाफना

विश्वविद्यालय के मैदान में उतरना था। श्योनन के नेतृत्व में उनके पैराकमांडो को इससे पहले वहां उतरकर उनके लिए उतरने वाले क्षेत्र को सुरक्षित बनाना था।

सरकारी रेकॉर्ड से पता चलता है कि सेठी ने कम से कम 24 घंटे के लिए इस कार्रवाई को स्थगित करने का बार-बार अनुरोध किया: कुछ साजो सामान संबंधी कारणों से उनके 800 जवानों के दल में से सिर्फ़ 250 ही पलाली पहुंच सके थे और उन्हें उस इलाके की कोई जानकारी नहीं थी जिसमें उन्हें कार्रवाई करनी थी। हरकीरत सिंह ने इस अभियान को स्थगित करने का अनुरोध किया परंतु उनसे कहा गया, 'यह वांछनीय नहीं है।' इसके बाद, सेठी और उनके आदमियों ने अक्सर उद्धृत किए जाने टेनीसन के शब्दों का अनुसरण किया: 'यह जानने की ज़रूरत नहीं वजह क्या है, बल्कि करना और मरना है।'

इस ब्रीफिंग के दौरान श्योनन को आदेश मिला, '12 की रात में एक बजे उड़ान भरो, जाओ और जाफना विश्वविद्यालय के मैदान में उतरने वाले क्षेत्र को सुरक्षित बनाओ। 13 सिख एलआई बाद में आएगी और वो आपसे इस स्थान की ज़िम्मेदारी ले लेगी। इसके बाद आप पैदल ही जाफना शहर जाएंगे, बस स्टैंड जाएं (जो 6-7 किमी दूर था) और वहां खड़े वाहनों में बैठ जाएं। आपको पलाली में सवेरे गरमा-गरम भोजन मिलेगा।'

प्रत्येक कमांडो ऑपरेशन में वैकल्पिक काम भी सौंपा जाता है परंतु कर्नल जी.एस. ने ऐसा कोई उल्लेख नहीं किया। जब श्योनन ने उनसे पूछा तो उन्होंने पैरा कमांडो को वैकल्पिक कार्य के रूप में विश्वविद्यालय परिसर में एलटीटीईई मुख्यालयों पर छापा मारने और

उन्हें नष्ट करने का आदेश दिया। इस वैकल्पिक कार्य का विस्तार करके इसके दायरे में एलटीटीई के शीर्ष नेतृत्व को पकड़ने का कार्य भी लाया गया और इसे ही मुख्य कार्य के रूप में पेश किया गया जिसके लिए आईपीकेएफ ने हेलीकॉप्टरों के ज़रिए कार्रवाई शुरू की। आधिकारिक कहानी दावा करती है कि जाफना विश्वविद्यालय में एलटीटीई के सैन्य मुख्यालय पर 13 सिख एलआई को कब्ज़ा करना था, जबकि पैरा कमांडो को 12 अक्तूबर, 1987 की भोर होने तक एलटीटीई के वहां स्थित राजनीतिक मुख्यालय पर कब्ज़ा करना था। मिश्रा को 4/5 गुरखा राइफल्स के साथ सड़क मार्ग से सिख एलआई से मिलना था। यदि सब कुछ योजनानुसार हुआ, तो यह ऑपरेशन खत्म होने तक जाफना आईपीकेएफ के कब्ज़े में होगा।

यदि किसी वजह से फौज पहले से निर्धारित उतरने वाले क्षेत्र में नहीं उतर सकी तो ऐसी स्थिति में डिवीज़न मुख्यालय ने हेलीकॉप्टरों के ज़रिए चलने वाले ऑपरेशन के उतरने लिए किसी वैकल्पिक स्थान का चयन नहीं किया था। जब श्योनन ने इसका ज़िक्र किया तो कर्नल जी.एस. ने जल्दी में और यों ही मानचित्र पर विश्वविद्यालय मैदान के उत्तर में करीब दो किलोमीटर के इलाके में उपलब्ध एकमात्र खुले मैदान के टुकड़े का चयन कर लिया।

सेठी को 1938 का एक पुराना नक्शा दिया गया था और उन्हें तथा उनके दल की सिख एलआई के करीब एक सौ सैनिकों को उस इलाके के बारे में जानकारी हासिल करने के लिए इसी पर निर्भर रहना था, जहां वे उस रात जा रहे थे। श्योनन और उनके पैरा कमांडो दल को वह नक्शा भी नहीं दिया गया था। परंतु चूंकि श्योनन दो महीने से

अधिक समय से पलाली में थे और वाहन से आस-पास जा चुके थे और उत्सुकतावश जाफना विश्वविद्यालय परिसर भी जा चुके थे, इसलिए कुल मिलाकर उन्हें इस इलाके की थोडी बहुत जानकारी थी। श्योनन ने जाफना के सैन्य नक्शों की रंगीन फोटो प्रतियां श्रीलंका की सेना की उत्तरी कमान से हासिल कर ली थीं जिसके अधिकारियों के साथ उनकी मित्रता हो गई थी।

श्योनन याद करते हुए बताते हैं, 'हमारी ब्रीफिंग के दौरान न तो उस स्थान के बारे में और न ही दुश्मन की ताकत और उसकी स्थिति के बारे में कोई खुफिया सूचना उपलब्ध थी।'

आईपीकेएफ अनेक दिक्कतों के साथ काम कर रही थी और इस तथ्य को ध्यान में रखते हुए यह आश्चर्यजनक नहीं था। पहली दिक्कत तो यही थी कि उस समय तक उसका एलटीटीई के साथ कभी भी टकराव नहीं हुआ था – वास्तव में आईपीकेएफ के प्रमुख जनरल सुलह कराने के अंतिम प्रयास के रूप में चार दिन पहले ही एलटीटीई प्रमुख प्रभाकरण से मुलाकात के लिए जाफना विश्वविद्यालय के मैदान में उतरे थे।

आईपीकेएफ ने उस समय जाफना प्रायद्वीप में 6000 सैन्यकर्मियों को तैनात किया था, यह संख्या 10,000 के आसपास हो सकती थी यदि सारी यूनिटें पूरी संख्या में होतीं। चूंकि फौजों को बहुत ही कम नोटिस पर श्रीलंका भेजा गया था, इसलिए करीब 40 प्रतिशत सैनिक छुट्टियों पर थे या प्रशिक्षण पाठ्यक्रमों अथवा दूसरे कार्यों में व्यस्त थे। आईपीकेएफ ने एलटीटीई की लड़ने की ताकत को भी बहुत कम करके आंका था – उसका मानना था कि एलटीटीटी के काडर में

1500 से 2500 सदस्य होंगे और उसने तमिल लड़ाकों को बहुत उच्च कोटि के रूप में भी नहीं आंका था। आईपीकेएफ के नेतृत्व का मानना था कि जाफना में भारतीय पैदल सेना के घुसते ही एलटीटीई का काडर एकदम से छिन्न भिन्न हो जाएगा, और उसने श्रीलंका की सेना के वरिष्ठ अधिकारियों से भी कहा था कि जाफना पर कब्ज़ा करने की सैन्य कार्रवाई तीन दिन में पूरी हो जाएगी।

पलाली में हरकीरत सिंह के उत्तराधिकारी ले. जनरल एस.सी. सरदेशपांडे ने असाइनमेन्ट जाफना शीर्षक वाले अपने संस्मरणों में लिखा है, 'एलटीटीई के साथ चार महीने के हंसी-खुशी में बिताए गए वक्त के बाद जाफना पर कब्ज़ा करने का सुंदरजी का आदेश आईपीकेएफ के लिए एक झटके जैसा था, आईपीकेएफ को अनेक आशंकाएं, आपत्तियां संदेह थे' और 'किसी ने भी यह नहीं सोचा था कि एलटीटीई पूरे इलाके तथा पूरे लैगून में घातक संवर्धित विस्फोटक उपकरणों और खतरनाक छोटे हथियारों से आईपीकेएफ पर धावा बोलकर उसे बेबस कर देने वाला हिंसक रुख अपनाएगा।'

श्योनन आठ नवंबर को पलाली हवाई अड्डे पर सुंदरजी और हरकीरत सिंह के बीच हुए वार्तालाप के गवाह थे। सेनाध्यक्ष ने जब सिंह से सैन्य ऑपरेशंस की योजना के बारे में पूछा तो हरकीरत सिंह ने कहा कि वह जाफना में हेलीबार्न बटालियन शामिल करेंगे जो जाफना फोर्ट पर मराठा बटालियन से मिल जाएगी और इसके बाद पूरा शहर आईपीकेएफ के पूरे नियंत्रण में होगा ।

सुंदरजी ने हरकीरत सिंह से हाथ मिलाते हुए कहा, '12 को जाफना में मिलते है,' और इसके साथ ही वह अपने विमान में बैठ गए।

जैसा कि श्रीलंका की सेना के जनरल, जाफना के तत्कालीन सुरक्षा बलों के कमांडर गैरी एच. डिसिल्वा ने अपने संस्मरण अ मोस्ट नोबल प्रोफेशन में टिप्पणी भी की कि हरकीरत सिंह और उनका वरिष्ठ स्टाफ ज़रूरत से ज़्यादा ही आत्मविश्वास दिखा रहा था और वे एलटीटीई को खारिज कर रहे थे, जबकि हकीकत यह थी कि एलटीटीई एके-47 और जी3 राईफलों और मशीन गन से लैस थे और उसके पास अच्छी तरह से प्रशिक्षित और लड़ाई में मंझे हुए लड़ाकों की पूरी फौज थी। इसके विपरीत, भारतीय सेना ने 1971 के बाद कोई युद्ध नहीं लड़ा था।

~

जाफना में उतरने की योजना सरल थी। भारतीय वायु सेना के पास पलाली में चार एमआई-8 हेलीकॉप्टर थे और ये चारों ही इस ऑपरेशन के लिए आवंटित थे। इनमें से प्रत्येक पांच उड़ानें भरने वाले थे और प्रत्येक उड़ान में 20-20 सैनिकों को विश्वविद्यालय मैदान में ले जाया जाएगा। कई उड़ानें भरने की प्रक्रिया को किसी परेशानी के रूप में नहीं देखा गया था।

पांच उड़ानों में से पहली उड़ान में 80 पैराकमांडो (20-20 कमांडो चारों हेलीकॉप्टरों में) उतारे जाने थे। इनके पीछे दूसरी उड़ान में पैदल सेना के 40 पैरा कमांडो और सिख एलआई के 40 कमांडो को उतारना था। बाद की तीन हेलीकॉप्टर उड़ानों में सेठी सहित सिर्फ़ सिखएलआई की फौज को उतारना था।

दिलचस्प तथ्य है कि अगस्त और सितंबर में इन्हीं एमआई-8 हेलीकॉप्टरों पर एलटीटीआई के नेताओं को घुमाया गया था जब वे अपने काडर और दूसरे कार्मिकों से मिल रहे थे। यदि स्थिति का

पुनरावलोकन करें तो यह स्पष्ट है कि एलटीटीई ने इस 'हनीमून काल' का इस्तेमाल आईपीकेएफ के बारे में मामूली से मामूली सूचना एकत्र करने में किया जबकि आईपीकेएफ ने लगातार एलटीटीई को एक मित्र माना। 11 अक्तूबर की दोपहर में हवाई सर्वेक्षण के दौरान आईपीकेएफ ने महसूस किया कि जाफना विश्वविद्यालय के मैदान में एक बार में केवल दो ही एमआई-8 हेलीकॉप्टर उतर सकते हैं। अतः पहले दो हेलीकॉप्टरों से फौज के उतरने तक दो अन्य हेलीकॉप्टरों को हवा में रखने की बजाए आईपीकेएफ ने फैसला किया कि पहले दो हेलीकॉप्टरों से जवानों के उतरने के बाद जब यह हेलीकॉप्टर पलाली के लिए लौट रहा होगा तभी पलाली से हेलीकॉप्टरों का दूसरा बेड़ा उड़ान भरेगा।

जाफना विश्वविद्यालय का इलाका दक्षिण एशिया के कई अन्य दूसरे विश्वविद्यालयों के परिसर जैसा ही था जिसमें सड़कें, प्रशासनिक, शैक्षणिक और रिहाइशी इमारतों को अलग करती थीं। अंडाकार खेल के मैदान, जिसमें मानसून के मौसम में आमतौर पर घास उग आती है, के मध्य में एक विशाल छायादार वृक्ष था। इसके चारों ओर दौड़ने के लिए 400 मीटर लंबा मिट्टी का ट्रैक था। इसके उत्तरी छोर पर तीन मंज़िला मेडिकल कॉलेज भवन था जबकि दक्षिणी छोर में प्रशासनिक भवन था। मैदान के पश्चिम में जाफना से कणकसंतुरै (उत्तर से दक्षिण) के बीच रेलव लाइन पर कोकुविल रेलवे स्टेशन था। मैदान के पूर्वी छोर पर कुछ वृक्ष और छोटी-छोटी झोंपड़ियां थीं।

मौसम अनुकूल होने की स्थिति में हेलीकॉप्टरों की पूरी उड़ानों - दो हेलीकॉप्टरों में से हरेक की दस उड़ानों - में करीब 90 मिनट लगने का अनुमान था। पहले दो हेलीकॉप्टर 12 अक्तूबर को 0100 बजे (आधी

रात के बाद एक बजे) पर उड़ान भरेंगे। सतह से फायरिंग की संभावना नहीं होने के प्रति आश्वस्त आईपीकेएफ ने वज़न बचाने के इरादे से एमआई-8 में रॉकेट पॉड नहीं लगाने का निर्णय किया था।

आईपीकेएफ ने इस अभियान के लिए श्रीलंका की वायु सेना से एक हेलीकॉप्टर गनशिप तैनात करने का भी आग्रह किया था। श्रीलंका की वायु सेना से कहा गया था कि हेलीकॉप्टरों के उतरने की कार्रवाई के दौरान एलटीटीई के काडर का ध्यान हटाने के लिए वो विश्वविद्यालय के पास ही हमला करे। अभी तक सब कुछ ठीक था। आईपीकेएफ के लिए किसी भी बात के लिए चिंतित होने की कोई वजह नहीं थी।

~

11 अक्तूबर को हेलीकॉप्टर से पूरे क्षेत्र का जायज़ा लेकर लौटने के बाद श्योनन ने स्थिति का अध्ययन किया। उन्होंने फैसला किया कि वह अपने साथ पैरा कमांडो का वही दल ले जाएंगे जिसे राजनीतिक संकट उत्पन्न होने की स्थिति में कोलंबो हवाई अड्डे को कब्ज़े में लेने की ज़िम्मेदारी सौंपी गई थी। यह फैसला हुआ कि तीन अधिकारियों, श्योनन, मेजर राजीव नायर और कैप्टन रणबीर भदौरिया सहित 103 पैरा कमांडो और यूनिट के डॉक्टर कैप्टन अजित जोसेफ वेनियूर अपने नर्सिंग सहायक के साथ विश्वविद्यालय के मैदान में उतरेंगे। वेनियूर शारीरिक रूप से सबसे अधिक फिट पैरा कमांडो थे और दबाव की स्थिति में पूरी तरह शांत रहते थे। तमिल पढ़ और समझ सकने वाले व्यक्ति के रूप में उन्होंने अपने कॉमरेडों के लिए गुप्तचर अधिकारी की भी भूमिका निभाई थी। इस समय मस्कट में कैंसर के

चिकित्सक डॉ. वेनीयूर कहते हैं कि उन्होंने जाफना के उन विनाशकारी घंटों की सारी स्मृतियों को अपने ज़हन से मिटा दिया है। दूसरी ओर, जाफना की त्रासदी भदौरिया का लगातार पीछा कर रही थी, जो अब उत्तर प्रदेश के सीतापुर ज़िले में सेवानिवृत्त जीवन बिता रहे व्यतीत कर रहे हैं, जहां उनकी पत्नी नेत्र चिकित्सक के रूप में काम करती हैं। 2016 में वे वहां वापस गए और उन्होंने उन दर्दनाक स्मृतियों को ज़ेहन से निकालने का प्रयास किया।

श्योनन ने अपने दल को एकत्र किया और दूसरी ओर, सिख एलआई के सीओ सेठी ने उनके वहां उतरने तक मेजर बीरेंद्र सिंह को सिख एलआई दल का नेता नामित करने का निर्णय लिया। बीरेंद्र सिंह पूर्व केंद्रीय मंत्री नटवर सिंह के रिश्तेदार थे और बटालियन में दक्षता के मामले में उनकी छवि बहुत अच्छी थी और उनके दल के सदस्य उन्हें बहुत चाहते थे। बीरेंद्र सिंह को पैरा कमांडो से लैंडिंग जोन का नियंत्रण अपने हाथ में लेना था और सेठी तथा उनकी यूनिट के बाकी सदस्यों को बाद में आने वाले हेलीकॉप्टरों से वहां पहुंचना था।

उसी समय एक पेचीदा सवाल उठा। श्योनन ने सेठी से पूछा कि सेठी के पहुंचने तक संयुक्त दल का कमांडर कौन होगा - बीरेंद्र सिंह या श्योनन? सेठी ने अपने दल को श्योनन की कमान के अधीन रखने से इन्कार कर दिया। हरकीरत सिंह इसे मामूली मुद्दा बताते हुए दरकिनार कर दिया, परंतु श्योनन ने इसे महत्वपूर्ण मुद्दे के रूप में महसूस किया कि इस बात का समाधान होना चाहिए। मिशन रद्द करने या उस स्थान से पीछे हटने के बारे में कमांडर द्वारा लिए गए किसी भी निर्णय का सेना के आदेश के रूप में दूसरे व्यक्ति को इसका पालन करना होगा।

यही नहीं, यदि श्योनन इसके पूरे कमांडर हैं तो वह विश्वविद्यालय में सेठी के उतरने तक यह स्थान उनके हवाले करने का इंतज़ार करेंगे। परंतु यह सवाल भी अनुत्तरित ही रह गया।

श्योनन ने सेठी को सुझाव दिया कि प्रारंभिक उड़ानों में कुछ अधिक राइफल लिए जवान भेजे जाएं। बड़े हथियारों के लिए गोला-बारूद जैसा भारी भंडार बाद की उड़ानों में भेजा जा सकता है। सेठी ने, जो उस समय पलाली पहुंचे थे, इस सुझाव को खारिज करते हुए कहा, 'अरे, ये लुंगी वाले क्या कर लेंगे?' पैरा कमांडो के ठिकाने पर, राजीव नायर और श्योनन ने दो डोर लोड अपने साथ जाफना ले जाने का निर्णय किया जिन्हें कोलंबो हवाई अड्डे पर शीघ्रता से कब्ज़ा करने की तैयारी में एक साथ रखा गया था। इन डोर लोड्स में भीषण संघर्ष होने की स्थिति में भी चार दिन के लिए गोला-बारूद और दूसरे सामान का भंडार था।

श्योनन ने अपने आदमियों की ब्रीफिंग करते हुए कहा, 'हो सकता है कि हम लड़ाई की स्थिति में ही उतर रहे हों। इसलिए उतरते ही फायर करने के लिए तैयार रहो। प्रत्येक साथी को निर्देशित योजना के बारे में जानकारी होनी चाहिए ताकि आप आपस में ही एक दूसरे पर गोलियां नहीं बरसाने लगें। एकबार वहां उतरते ही आप मैदान के किनारे की ओर जितनी दूर जा सकते हैं, जाएं।'

सेठी और बीरेंद्र सिंह ने श्योनन की ब्रीफिंग में हिस्सा लिया परंतु उनके शब्दों को गंभीरता से नहीं लिया। उन्होंने सोचा कि वह शायद अपने दल का हौसला बुलंद रखने और उन्हें चौकन्ना रहने की हिदायत देने का प्रयास कर रहे हैं।

श्योनन ने इसके बाद मेजर अनुराग नौरियाल से, जो उस पैरा कमांडो दल के नेता थे जिसे भारतीय उच्चायोग में हेलीबॉर्न काम सौंपा गया था, कहा कि वह उच्च क्षमता वाले रेडियो सेट के साथ पलाली हेलीपैड पहुंचें। उच्च क्षमता वाले रेडियो सेट से महाद्वीपों के पार भी असीमित दूरी तक संपर्क किया जा सकता है।

श्योनन बताते हैं, 'पलाली हेलीपैड पर नौरियाल के पास हाई फ्रीक्वेंसी रेडियो सेट हमारे पास पलाली में मौजूद एक मात्र संचार माध्यम था। डिवीज़न मुख्यालय की योजना थी कि न तो तब और न ही बाद में कोई संचार किया जाएगा।'

श्योनन, भदौरिया, वेनियूर और उनका नर्सिंग सहायक पहले हेलीकॉप्टर में होंगे जबकि नायर दूसरे हेलीकॉप्टर में होंगे। दो एमआई-8 हेलीकॉप्टरों की पहली उड़ान में आने वाले 50 पैरा कमांडो को बाद में आने वाले हेलीकॉप्टरों के लिए उतरने वाले क्षेत्र को रोशन करना था।

सभी उत्तेजित थे। श्योनन याद करते हैं, 'आखिरकार, हम एक कार्रवाई को अंजाम दे रहे थे।' भदौरिया उस दिन के बारे में बताते हैं, 'हम उत्साही बच्चों का समूह थे जो गोलियों की बौछार के नीचे सयाने आदमी बनने के लिए तैयार थे।'

~

विंग कमांडर सप्रे और स्क्वाड्रन लीडर विनय राज द्वारा 12 अक्तूबर को आधी रात के बाद एक बजे के निर्धारित समय पर 50-50 जवानों के साथ दो एमआई-8 हेलीकॉप्टरों के उड़ान भरते ही पैरा कमांडो ने युद्धघोष का नारा 'दुर्गे भवानी की जय' बुलंद किया। नीचे आ गए बादलों और खराब दृश्यता के कारण, वे 300 मीटर की ऊंचाई पर

उड़ान भरने के बारे में मूल ब्रीफिंग का पालन नहीं कर सके। इसके बजाय, वे थोड़ा नीचे करीब 200 मीटर की ऊंचाई पर उड़ान भर रहे थे।

दोनों हेलीकॉप्टरों ने पूरी तरह ब्लैक आउट कर रखा था-सारी बत्तियां बुझी हुई थीं, यहां तक कि हेलीकॉप्टर के पंखों के किनारे 'ब्लेड ट्रैकिंग' लाइट्स भी बंद थीं, जो पायलटों को निर्धारित वायुक्षेत्र में ही घूमने और सही स्थिति लेने में मदद करती है। विनय राज के लिए सप्रे के हेलीकॉप्टर से सही दूरी बनाए रखने के लिए एकमात्र दिखाई पड़ने वाला संकेत एक कतार में आगे चल रहे एमआई-8 हेलीकॉप्टर के पिछले हिस्से के ऊपर जल रही बत्ती ही थी। जब ये हेलीकॉप्टर नीचे उतरने की प्रक्रिया में थे तो कुछ मीटर पहले ही यह बत्ती भी बुझा दी गई थी। खराब दृश्यता के बावजूद दोनों पायलटों ने उतरने वाले मैदान का खोज लिया। सप्रे का हेलीकॉप्टर उतरने वाले स्थान से करीब दस मीटर ऊपर मंडराता रहा था जबकि पैरा कमांडो एक रस्सी के सहारे मैदान में उतरने लगे। इसी दौरान जब भदौरिया उतर रहे थे तो उनका पैर रस्सी में उलझ गया और यह उनके जीवन का दिल दहलाने वाला क्षण था क्योंकि हेलीकॉप्टर उड़ चला जबकि वह रस्सी पकड़े हुए नीचे लटके थे। सौभाग्य से, हेलीकॉप्टर के लिए ऊपर उठने के लिए पड़े दबाव से उलझी हुई रस्सी खुल गई और वह मैदान में कूद पड़े। यह अगले 37 घंटों में उनको मिलने वाले कई खुशकिस्मत मौकों में से एक था।

जब वे ज़मीन पर उतर रहे थे, श्योनन और उनके दल के सदस्यों ने तुरंत डोर लोड्स फेंक दिए। उनके आदमियों ने अपना मोर्चा संभालने के लिए मैदान के छोर की ओर दौड़ना शुरू कर दिया। सप्रे ने बाहर

झांका और श्योनन को 'थम्स अप' का संकेत दिया। एमआई-8 ने उड़ान भरी और तब श्योनन को महसूस हुआ कि एलटीटीई की ओर से उन पर गोलियां दागी जा रही हैं। एलटीटीई की चीन निर्मित एक-47 राइफलों और जर्मनी निर्मित जी3 राइफलों से चल रही गोलियों की आवाज़ हेलीकॉप्टरों के शोर में दब गई थी। श्योनन ने अपनी घड़ी पर नज़र डाली। रात के एक बजकर 20 मिनट हुए थे। दोनों एमआई-8 हेलीकॉप्टरों ने जैसे ही पूरी शक्ति के साथ उड़ान भरी तो एलटीटीई की ओर से उन पर भी फायरिंग की गई, हालांकि गोलियां दोनों में से किसी से भी नहीं टकराईं। खुफिया सूचनाओं ने बाद में इस बात की पुष्टि की कि एलटीटीई को मोटे तौर पर आईपीकेएफ की योजना की भनक लग गई थी – उन्होंने आईपीकेएफ के अत्यधिक उच्च फ्रीक्वेंसी वाले रेडियो संदेशों को पकड़ लिया था – परंतु वे पहले हेलीकॉप्टर के उतरने को लेकर पूरी तरह तैयार नहीं थे। सप्रे ने पलाली को रेडियो संदेश दिया कि एमआई-8 का दूसरा जोड़ा रवाना किया जाए। उस समय तक, श्योनन ने पलाली हेलीपैड पर रेडियो पर नौरियाल से बात करके उन्हें बता दिया था कि उन पर फायरिंग हो रही है। उन्होंने नौरियाल को यह भी निर्देश दिया था कि यह जानकारी भारतीय वायु सेना के पायलटों को नहीं दी जाए क्योंकि ऐसा होने पर वे और फौज को लाने में हिचकिचाएंगे।

जाफना मैदान में उतरने के तुरंत बाद, श्योनन को हेलीकॉप्टर के उतरने वाले क्षेत्र में रोशनी करनी थी ताकि उनके पीछे आने वाला हेलीकॉप्टर उतर सके। 'गूज़ लैंप' के सेट में रोशनी करके, जिसमें पतली सी बत्ती होती है जो तीन से चार घंटे तक जलती है, अंग्रेज़ी के

अक्षर टी का चिह्न बनाया जाता है। पैरा कमांडो ने जैसे ही पहला गूज़ लैंप जलाया, उनके दस्ते पर ज़बर्दस्त फायरिंग होने लगी। श्योनन ने ये लैंप नहीं जलाने का निर्णय किया और योजनाओं में बदलाव की जानकारी पलाली को दी। अनेक युद्धों की तरह ही, पहला शिकार युद्ध की रणनीति हो गई।

कुछ ही मिनटों में शेष कमांडो को लेकर हेलीकॉप्टर के दूसरे बेड़े को पहुंचना था। श्योनन आज भी याद करते हैं कि वह और उनके दल के सदस्य, 'इंतज़ार और इंतज़ार ही करते रहे परंतु कोई हेलीकॉप्टर नहीं आया।'

एमआई-8 हेलीकॉप्टर के दूसरे बेड़े के पायलट प्रकाश और दुरईस्वामी थे। वे जब जाफना विश्वविद्यालय पहुंचे तो उन्होंने नोटिस किया कि पूरा इलाका छोटे हथियारों और गोलों के धमाकों से हो रही चमक से ढका हुआ था। रात के अंधेरे में श्रीलंका की वायु सेना के हमलावर हेलीकॉप्टर द्वारा दूरी पर ट्रेसर बुलेट से निकलने वाली चमक और अधिक डरावनी तस्वीर पेश कर रही थी। हेलीकॉप्टर के उतरने वाले स्थान पर भी रोशनी नहीं हुई थी। प्रकाश और दुरईस्वामी उतरने वाले स्थान को ढूंढ़ने में विफल हो गए और उन्होंने इस अभियान को खत्म करने का निर्णय लिया। वे 53 पैरा कमांडो के साथ वापस पलाली लौट गए।

इस घटना की आधिकारिक जांच में श्योनन को योजना के अनुरूप उतरने वाले क्षेत्र में रोशनी नहीं करने का दोषी ठहराया गया। यह आज भी विवादास्पद बना हुआ है क्योंकि श्योनन के निर्णय को लेकर एकराय नहीं थी। कुछ लोगों का मानना है कि यदि पैरा कमांडो ने

उतरने वाले क्षेत्र में रोशनी की होती तो दूसरे बेड़े को अपनी उड़ान रद्द नहीं करनी पड़ती।

श्योनन के अपने तर्क थे, 'मैं घटनास्थल पर मौजूद था और मैंने ही निर्णय किया। यदि हेलीकॉप्टर के उतरने वाले क्षेत्र में रोशनी की गई होती तो एलटीटीई के लड़ाकों ने हम 50 कमांडो के ऊपर और अधिक जुट कर करके फायरिंग की होती। यही नहीं, दूसरे बेड़े के हेलीकॉप्टरों के उतरने की स्थिति में उन पर और अधिक ज़ोरदार तथा केंद्रित तरीके से गोलाबारी करके उन्हें निशाना बनाया गया होता।'

इस बीच, सप्रे और विनय राज वापस पलाली में उतर गए थे। बीरेंद्र सिंह और सिख एलआई के 29 जवान एमआई-8 हेलीकॉप्टर में सवार हुए और सप्रे तथा विनय राज ने जाफना विश्वविद्याल की ओर फिर उड़ान भरी। उस समय तक, एलटीटीई ने यह पता लगा लिया था कि ये हेलीकॉप्टर उत्तर की ओर से आ रहे हैं। उन्होंने हेलीकॉप्टरों के आने वाली दिशा को निशाना करके उनके उतरने वाली ज़मीन के उत्तरी छोर पर स्थित मेडिकल कॉलेज की इमारत की छत पर एके-47 एसाल्ट राइफलों और मशीन गनों के साथ मोर्चेबंदी करके इंतज़ार किया।

विनय राज जैसे ही दोबारा हेलीकॉप्टर उतारने के लिए तैयार हुए, उन्होंने अचानक ही ज़बर्दस्त फायरिंग की तेज़ होती आवाज़ें सुनीं। उन्होंने महसूस किया कि यह ज़मीन पर हो रहे संघर्ष से नहीं आ रही हैं बल्कि उत्तरी इमारत की छत से आ रही हैं और सीधे उन्हें निशाना बनाया जा रहा है। उनके चालक दल से महसूस किया कि उनके हेलीकॉप्टर पर वार किया जा रहा है, क्योंकि धम की एक खास आवाज़ के साथ एमआई-8 की बाहरी परत को 7.62 एमएम की गोलियों ने

छेद दिया था।

एमआई-8 हेलीकॉप्टर उतर गया और उसके पिछले हिस्से से पैदल दस्ते के सैनिक उतर गए और उन्होंने प्रशिक्षण के दौरान मिले अभ्यास के अनुरूप ज़मीन पर लेटकर मोर्चा ले लिया। इनमें से कुछ सैनिक झाड़ियों के पीछे चले गए और उन्होंने दुश्मन की फायरिंग से बेहतर बचाव के लिए ज़मीन में खुदाई शुरू कर दी। पैरा कमांडो की तरह उन्होंने मैदान के किनारों की ओर जाने का प्रयास नहीं किया। उन पर पहले से ही गोलियां चलाई जा रही थीं और बीरेंद्र सिंह के रेडियो ऑपरेटर को, जो एएनपीआरसी-25 रेडियो सेट लेकर चल रहा था, एक बुलेट भेदती हुई निकल गई थी। बीरेंद्र अब अपने सीओ सेठी के साथ बगैर किसी संपर्क के थे।

हेलीकॉप्टर के दूसरे बेड़े से अपने बाकी पैरा कमांडो के आने की उम्मीद कर रहे श्योनन यह देखकर विस्मित थे कि उनसे पैदल सेना के जवान उतर रहे थे। उन्होंने सप्रे से पूछा, 'हमारे आदमी कहां हैं?'

सप्रे ने उन्हें भरोसा दिलाते हुए कहा, 'मेरे ऊपर ज़बर्दस्त फायरिंग हो रही है, परंतु चिंता मत करें, मैं आपके आदमियों को ले आऊंगा।'

श्योनन ने जब सप्रे को उड़ान भरने के लिए थम्स अप का संकेत दिया तो सप्रे ने हेलीकॉप्टर के अंदर रखे लकड़ी के भारी क्रेट की ओर इशारा किया। सिख एलआई के जवान अब तक तितर बितर हो चुके थे, और श्योनन, उनके डॉक्टर, नर्सिंग सहायक और रेडियो ऑपरेटर के पास खुद ही इन क्रेटों को उतारने के अलावा कोई दूसरा रास्ता नहीं था। बीरेंद्र सिंह मोर्टार के लिए 1.5 टन गोला-बारूद के साथ आए थे जिसका मतलब था कि दो हेलीकॉप्टरों में सिर्फ़ 30 आदमी ही सवार

हो सकते थे। इस गोला-बारूद की ज़रूरत सिर्फ़ तभी पड़ने वाली थी, जब बाद में हेलीकॉप्टर की आखिरी उड़ान में मोर्टार आते।

श्योनन बताते हैं, 'मैं बुरी तरह खीझ गया था। पहले तो इसलिए कि हम चार लोग सारा सामान उतार रहे थे, और इससे भी अधिक इस वजह से कि मैंने ले. कर्नल सेठी से साफ तौर पर कहा था कि पहली उड़ान से और अधिक हथियारबंद सैनिक भेजें परंतु उन्होंने सैनिकों की बजाय भंडार भेज दिया।'

दोनों हेलीकॉप्टरों पर बंदूक की गोलियां टकरा रही थीं, इसके बावजूद उन्होंने फिर से उड़ान भरी। लौटने के लिए पहली उड़ान भरने की तुलना में इस बार सप्रे और विनय राज स्पष्ट रूप से ज़्यादा तेज़ गोलीबारी महसूस कर सकते थे।

इस समय तक 50 पैरा कमांडो ने दो डोर लोड्स खोल लिए थे और इसका सारा हथियार और गोला-बारूद आपस में बांट लिया था। वे लंबी लड़ाई के लिए तैयार थे।

~

सप्रे और विनय राज जब वापस पलाली में उतरे, तो उन्हें पता चला कि प्रकाश और दुरईस्वामी पैरा कमांडो को उतारे बगैर ही लौट आए थे। सप्रे ने श्योनन से वायदा किया था और उन्होंने तथा विनय ने 53 पैरा कमांडो को उतारने के लिए एक और उड़ान भरने का फैसला किया।

तीसरी बार, जाफना विश्वविद्यालय के मैदान में पहुंचने पर दोनों हेलीकॉप्टर एलटीटीई के मोर्चों से ज़बर्दस्त फायरिंग की चपेट में आ गए। एलटीटीई ने अब मेडिकल कॉलेज की इमारत पर और अधिक मारक हथियार जुटा लिए थे। जैसे-जैसे दोनों एमआई-8 हेलीकॉप्टर

मैदान के पास पहुंच रहे थे, मशीन गनों से फायरिंग बहुत तेज़ हो गई और चालक दल महसूस कर सकते थे कि गोलियां लगातार हेलीकॉप्टर से टकरा रही हैं। राइफल से दागा गया एक गोला कॉकपिट के पीछे बने बैटरी वाले हिस्से में जा लगा जबकि एक बुलेट विनय राज के हेलीकॉप्टर की साइड विंडस्क्रीन से जा टकराई। किस्मत से यह बुलेट पायलट और चालक दल को नहीं लगी। सतह से दागी गई एक बुलेट दोनों पायलटों के ठीक बीच से कॉकपिट में आ पहुंची। चालक दल ने बाद में गिनती करने पर पाया कि हेलीकॉप्टर में बुलेट के 17 सुराख थे। सप्रे के एमआइ-8 की हाइड्रॉलिक प्रणाली एलटीटीई के हमले में बुरी तरह छिन्न-भिन्न हो गई थी। इसके बावजूद दोनों पायलट 53 पैरा कमांडो को जाफना विश्वविद्यालय के मैदान तक पहुंचाने में सफल रहे थे।

जब वे वापस जाने के लिए उड़ान भर रहे थे तो सप्रे ने श्योनन से कहा, 'मुझे लगता है कि अब और हेलीकॉप्टर शायद नहीं आ सकते हैं।'

यह तो सिर्फ़ सप्रे का ही कौशल था जिसने सुनिश्चित किया कि उनका क्षतिग्रस्त हेलीकॉप्टर पलाली वापस लौट आया। आगे कोई भी एमआई-8 हेलीकॉप्टर मिशन के लिए उड़ान नहीं भर सका। सप्रे ने महसूस किया कि तीसरी उड़ान के दौरान एलटीटीई की ज़मीन से हो रही फायरिंग पहली दो बार से कहीं अधिक तेज़ थी। यदि उड़ान भरी तो अगले मिशन में इससे भी अधिक क्षति हो सकती थी। भारतीय वायु सेना ने और उड़ान नहीं भरने का निर्णय किया।

श्योनन को यह बात सप्रे और विनय राज द्वारा जाफना विश्वविद्यालय के मैदान से भारी गोलीबारी के बीच उड़ान भरने के

करीब 30 मिनट बाद नौरियाल से पता चली। श्योनन दावा करते हैं कि सिर्फ तभी, सवेरे पौने तीन बजे पलाली में हेलीपैड से महज 300 मीटर दूर स्थित डिवीज़न मुख्यालय ने महसूस किया कि सैनिक ज़बर्दस्त फायरिंग की चपेट में थे और दो हेलीकॉप्टर अब उड़ान भरने लायक नहीं बचे थे।

सेठी पैदल ही डिवीज़न मुख्यालय तक गए और वह इसे सही ठहरा रहे थे कि उन्होंने कम सैनिक और गोला-बारूद का अधिक भंडार क्यों भेजा। हरकीरत सिंह ने जब बीरेंद्र सिंह के दल के हथियारों के बारे में पूछा तो सेठी ने कहा कि उनके सैनिकों के पास बहुत ही अधिक मारक क्षमता वाला हथियार, मीडियम मशीन गन था। 11 किलो वज़न वाला एमएमजी गोलियों की पट्टी वाला एक स्वचालित हथियार है, जिसको ट्राइपॉड पर लगाया जाता है जो पूरी ताकत से 7.62 एमएम राइफल कारतूस फायर करता है। यह 600 से 1000 बुलेट प्रति मिनट की रफ्तार से फायर करती है।

हरकीरत सिंह ने कहा, 'यदि एक एमएमजी है तो ये लुंगीवाले पास आने का साहस नहीं करेंगे। ये कमांडो अनावश्यक ही शोर मचाते रहते हैं।' इस बीच, नौरियाल ने श्योनन से एलटीटीई को कुछ समय तक दूर ही रखने के लिए कहा, क्योंकि बाकी फौज पैदल ही आएगी। यदि वे तत्काल ही कूच कर दें तो भी उन्हें 17 किलोमीटर का फैसला पूरा करने में कम से कम तीन घंटे लगेंगे।

श्योनन अब कहते हैं, 'यदि वे अब पैदल आ रहे थे, तो हम सब पैदल ही क्यों नहीं आए? मैंने प्रस्ताव रखा था कि हम सभी रात में नौ बजे कूच करें और खेतों और मैदानी इलाकों से चलते हुए पहुंचे, न कि

हेलीकॉप्टर का इस्तेमाल करके एलटीटीई को अपने इरादे का ऐलान कर दें। लेकिन डिवीज़न मुख्यालय ने इस प्रस्ताव को अस्वीकार कर दिया था।' उस दिन आईपीकेएफ द्वारा लिए गए अधिकांश फैसलों की तार्किकता को, यदि कोई तार्किकता थी, सिर्फ़ वे ही समझते थे जिन्होंने वे फैसले लिए थे।

~

जाफना विश्वविद्यालय मैदान पर एलटीटीई की ओर से फायरिंग बहुत तेज़ हो गई थी। आखिरी एमआई-8 हेलीकॉप्टर में आने वाले पैरा कमांडो लोक राम ने बाद में *इंडिया टुडे* पत्रिका से बातचीत में उसे याद करते हुए कहा, 'हमने सोचा था कि सबकुछ ठीक है परंतु हम जैसे ही हेलीकॉप्टर से बाहर निकल रहे थे तभी हम चारों ओर से ज़बर्दस्त फायरिंग की चपेट में आ गए थे। यह एक असंभव सी स्थिति थी। हम ऐसे दुश्मन से लड़ रहे थे जिसे देख भी नहीं सकते थे।'

श्रीलंका की सेना द्वारा पकड़े गए रेडियो संदेशों से, जिन्हें आईपीकेएफ को बाद में मुहैया कराया गया, पता चलता है कि एलटीटीई को उस रात बच पाने की बहुत कम उम्मीद थी। 'प्रभाकरण ने 11/12 अक्तूबर की रात की शुरुआत में अपने संचार नेटवक पर प्रसारित संदेश में कहा गया था कि कैंप सेंटर में एलटीटीई कमान के बचने की संभावना नहीं है और मौत करीब दिख रही है। ऐसी स्थिति में इस शिविर में एलटीटीई के लड़ाके अंतिम समय तक लड़ते हुए मर जाएंगे और हो सकता है फिर से वे ऑन एयर नहीं हो पाएं। इसलिए, इस हमले में जीवित बचने वाले दूसरे इलाकों में चले जाएं, आप सभी को अलविदा और अब क्षेत्रीय कमांडरों को ऑपरेशन की बागडोर

संभालनी चाहिए।'

कुल मिलाकर भारतीय सैनिक खुशकिस्मत थे। एलटीटीई को यह नहीं मालूम था कि अब उस रात हेलीकॉप्टर की और अधिक उड़ानें नहीं होंगी। उनके अधिकतर लड़ाके अगले हेलीकॉप्टर के आने और उसे मार गिराने की उम्मीद में मेडिकल कॉलेज इमारत की छत पर डटे रहे। इसका मतलब यह हुआ कि एलटीटीई के लड़ाके ऊंचाई से फायरिंग कर रहे थे और 'यदि किसी बुलेट पर उसका नाम लिखा ही हो' तो अलग बात है वरना यदि एलटीटीई के लड़ाके सतह से फायरिंग कर रहे होते तो उसकी तुलना में इस तरह की फायरिंग में गोली लगने की संभावना बहुत ही कम थी।

एक बार जब श्योनन को पता चल गया कि अब हेलीकॉप्टर से और अधिक सैनिक नहीं आ रहे थे तो उन्होंने डिवीज़न मुख्यालय (उस समय तक मुख्यालय और श्योनन के बीच रेडियो संपर्क स्थापित हो गया था) से कहा कि उन्हें अगला आदेश बताया जाए। उन्हें बताया गया, 'मेजर बीरेंद्र को विश्वविद्यालय मैदान में उसके जवानों के साथ छोड़ दें और एलटीटीई का मुख्यालय नष्ट करने के लिए आगे बढ़ें। इसके बाद पलाली लौटने के लिए बस अड्डे की ओर कूच किया जाए।' श्योनन ने सुझाव दिया, 'मैं मेजर बीरेंद्र को भी अपने साथ ले चलूंगा। वरना, दिन की रोशनी निकलते ही वह वहीं मार दिया जाएगा।' उनका यह सुझाव ठुकरा दिया गया। इसके बावजूद श्योनन ने बीरेंद्र सिंह से पूछा कि क्या इस आदेश के बावजूद, वह पैरा कमांडो के साथ आना पसंद करेगा।

बीरेंद्र सिंह से जवाब दिया, 'नहीं, मैं अपनी बटालियन का यहीं पर

इंतज़ार करूंगा। मेरे सीओ आएंगे। वरना ऐसा लगेगा कि मैं उन्हें छोड़कर भाग गया।'

श्योनन मेजर बीरेंद्र को आदेश नहीं दे सकते थे क्योंकि सिख एलआई उनकी कमान के अधीन नहीं दी गई थी। वह सिर्फ़ सुझाव दे सकते थे जिसे मानने या न मानने के लिए बीरेंद्र सिंह स्वतंत्र थे। श्योनन अब कहते हैं कि यदि वे प्रभारी होते तो उन्होंने 'डिवीज़न मुख्यालय से मेजर बीरेंद्र और उनके जवानों के बारे में कभी भी आदेश नहीं मांगा होता। मैं उन्हें अपने साथ ले गया होता।'

हालांकि, श्योनन एलटीटीई के मुख्यालय पर धावा बोलने के आदेशों का पालन कर रहे थे जिसकी वैकल्पिक ज़िम्मेदारी पैरा कमांडो को दी गई थी। सिख एलआई की फौज अपने आप आगे बढ़ रही थी। बीरेंद्र सिंह का रेडियो सेट गोली लगने से क्षतिग्रस्त हो चुका था, श्योनन ने एक पैरा कमांडो से एक वायरलेस रेडियो सेट लेकर उन्हें दे दिया था ताकि वे संपर्क में बने रहें। वैसे भी पैदल सेना की बटालियन की तुलना में पैरा कमांडो कहीं अधिक रेडियो सेट लेने के लिए अधिकृत थे। श्योनन ने बीरेंद्र सिंह को यहां अंतिम बार देखा था।

~

माना जा रहा था कि एलटीटीई का मुख्यालय जाफना विश्वविद्यालय परिसर के दक्षिणी छोर पर तब्बिल पेडी लेन में एक इमारत में है। यह खेल के मैदान के दक्षिणी छोर से सटे प्रशासनिक भवन के पीछे कुछ सड़कों के बाद है।

परंतु इस समय तक श्योनन भली भांति समझ गए थे कि प्रशासनिक भवन पूरी तरह हथियारों से लैस एलटीटीई के लड़ाकों के कब्ज़े में था।

ऐसी स्थिति में निर्मित इलाके के रास्ते से आगे बढ़ने के लिए अनिच्छुक श्योनन ने अपना रास्ता बदलकर रेलवे लाइन की तरफ से एलटीटीई मुख्यायल की ओर आगे बढ़ने का फैसला किया। ये रेलवे लाइन खेल मैदान के पश्चिम की ओर थी और उन्होंने एक गश्ती टुकड़ी को इस रास्ते का निरीक्षण करने के लिए भेजा।

श्योनन ने इसके बाद अपने आदमियों की गिनती की और पाया कि उनका एक आदमी कम है। नर्सिंग सहायक ने श्योनन से कहा कि डॉक्टर लापता हैं। श्योनन अपनी हंसी दबाते हुए उस घटना को याद करते हैं और कहते हैं, 'मैं जानता था कि वे कहां होंगे। मैंने नर्सिंग सहायक से कहा कि निश्चित ही वह सो रहे होंगे। हम लौट कर खुदाई की हुई जगह पर गए जहां हमने मोर्चेबंदी की थी। ज़बर्दस्त फायरिंग के बीच भी डॉक्टर वहां गहरी नींद में सो रहे थे । डॉक्टर का इस तरह का व्यक्तित्व था।'

गश्ती टुकड़ी लौट कर आई और उसने बताया कि जो मार्ग वे अपनाएंगे वह पूरी तरह सुरक्षित है।

पैरा कमांडो दबे पांव छिपकर अपने लक्ष्य की ओर बढ़े। अभी तक उन्हें किसी प्रकार का नुकसान नहीं हुआ था और उनके पास कार्रवाई के लिए ठोस योजना थी।

अब सवेरे पौने चार बजे का समय था। रात का अंधेरा धीरे-धीरे सुबह की पहली किरण को रास्ता दे रहा था। पैरा कमांडो अभी मुश्किल से 150 मीटर ही आगे बढ़े थे कि उन पर कोकुविल रेलवे स्टेशन से ज़बर्दस्त फायरिंग होने लगी। उन्होंने अपने कार्ल गुस्ताव रॉकेट लांचर से पांच राउंड गोले दागे, इस हथियार का इस्तेमाल आमतौर पर टैंकों

को नष्ट करने के लिए होता है।

रात में देखने के लिए प्रयुक्त उपकरण से श्योनन देख सकते थे कि एलटीटीई लड़ाकों का एक बड़ा समूह रेलवे स्टेशन से उस सड़क की ओर बढ़ रहा था जिस पर पैरा कमांडो को जाना था। अब फायरिंग और तेज़ हो गई। आड़ लेने के लिए उचित स्थान खोजने के प्रयास के दौरान ही पैरा कमांडो ने रेलवे लाइन पार की और उन्हें रेलवे स्टेशन के पश्चिम में कुछ गज की दूरी पर एकमंज़िला भवन दिखाई पड़ा जिसमें चहारदीवारी बनी हुई थी और लोहे का एक गेट लगा था।

इस भवन की ढलान वाली छत पर मिट्टी की टाइलें लगी हुई थीं जो इस क्षेत्र में काफी प्रचलित हैं। पैरा कमांडो ने दरवाज़ा खटखटाया जिसे मध्यम आयु के एक व्यक्ति ने खोला। तमिल और अंग्रेज़ी की मिली-जुली ज़ुबान में बात करते हुए उसने श्योनन को बताया कि वह एक स्थानीय पॉलीटेक्नीक (संस्थान) में प्रोफेसर है। उसने बताया कि एलटीटीई का नेतृत्व रात में उस इमारत में नहीं रहता है जिस पर वे हमले की तैयारी कर रहे हैं, बल्कि वे सिर्फ़ दिन में ही इस जगह से काम करते हैं। रात में प्रभाकरण और अन्य लोग थोड़ी दूर एक मकान में सोते हैं। इस वृद्ध व्यक्ति ने श्योनन को आगाह किया था: प्रभाकरण की सुरक्षा में हर समय 100 से 150 एलटीटीई के लड़ाके रहते हैं और ऐसी स्थिति में उसके पैरा कमांडो कम पड़ जाएंगे।

इस व्यक्ति की सलाह ठुकराते हुए श्योनन ने उस मकान पर धावा बोलने का फैसला जिसमें प्रभाकरण के सोने की बात कही गई थी। परंतु उन्होंने प्रोफेसर की बात पर भरोसा नहीं किया। श्योनन ने जाने के लिए उससे तीन रास्तों का सुझाव देने का आग्रह किया जिसमें से

पैरा कमांडो ने एक रास्ता चुना। श्योनन बताते हैं कि ऐसा करने की वजह ये थी कि अगर प्रोफेसर उन्हें जाल में फंसाते हुए एक ऐसे रास्ते की ओर से भेजना चाहता, जहां एलटीटीई के लड़ाके घात लगाकर बैठे हों, तो वह एक रास्ते पर ज़ोर देता। फिर श्योनन ने प्रोफेसर से कहा कि वह उस मकान तक उनका मार्गदर्शन करें। यह सुनिश्चित करने के लिए कि कहीं वे एलटीटीई के जाल में नहीं फंस रहे हों, या उन्हें फंसाया जा रहा हो, नायर ने एक और शर्त लगा दी। टूटी-फूटी तमिल में उसने प्रोफेसर से कहा कि उसका दामाद बंधक के रूप में उनके साथ चलेगा। एक पैरा कमांडो ने उसके सिर के पीछे गोलियों से भरी हुई राइफल साधा और कहा कि यदि उन पर गोलियां चलीं तो दामाद को गोली मार दी जाएगी।

जैसे ही वे प्रोफेसर के घर से चले, पैरा कमांडो पर तीन ओर से ज़बर्दस्त फायरिंग होने लगी और सबसे आगे चल रहे कमांडो को गोली लगी। तत्काल ही, दामाद के सिर पर राइफल ताने पैरा कमांडो ने ट्रिगर दबा दिया । प्रोफेसर के दामाद की तत्काल ही मृत्यु हो गई।

श्योनन बताते हैं कि नायर का मकसद सिर्फ़ प्रोफेसर को धमकी देना था परंतु पैरा कमांडो ने इसे अक्षरशः आदेश के रूप में लिया। वह कहते हैं, 'हमें बहुत दुख हुआ। हमें नहीं लगता था कि प्रोफेसर ने जानबूझकर हमें गुमराह किया। परंतु युद्ध की सरगर्मी में इस तरह की घटनाएं होती हैं।'

भदौरिया ने देखा कि एक पैरा कमांडो की जांघ में गोली लगी है और वह दर्द से कराह रहा था। उन्होंने 70 मीटर पीछे की ओर उस झोंपड़ी की पहचान की जहां से फायरिंग हुई थी और उस लक्ष्य को

रॉकेट लांचर से उड़ाने का आदेश दिया। रॉकेट से तीन राउंड गोले दागे जाने के बाद उस झोंपड़ी से फायरिंग थम गई थी, परंतु भीतर से महिलाओं और बच्चों का विलाप सुना जा सकता था।

प्रोफेसर ने हालांकि उनसे एक मकान की ओर इशारा किया था परंतु इस समय पैरा कमांडो पर कई घरों से फायरिंग की जा रही थी। खुफिया रिपोर्टों ने बाद में खुलासा किया कि प्रभाकरण हर रात अलग घर में सोता था। उस रात जब कोकुविल रेलवे स्टेशन से पैरा कमांडो पर पहली गोली चलाई गई थी तो वह कोकुविल पूर्व के इलाके से सवेरे सवा चार बजे निकल गया था।

परंतु श्योनन को उस समय इसकी जानकारी नहीं थी। प्रोफेसर के घर से करीब पांच सौ मीटर दूर पीरंपदी लेन में जब वे आगे बढ़ रहे थे तो उन पर ज़बर्दस्त फायरिंग होती रही। यह एक खुशनुमा मुहल्ला था जिसमें 20 फुट की इस लेन में कतार से घर बने हुए थे। जैसे ही उन्होंने लेन में प्रवेश किया तो श्योनन और भदौरिया पर 20 मीटर आगे एक मकान से गोलियां चलाई गईं। उनकी स्टेन मशीनगन गोलियां बरसा रही थीं, उन्होंने मकान के दरवाज़े को निशाना बनाया। इस मकान से एक व्यक्ति बाहर निकलकर उनकी ओर लपका और जब वह महज तीन फुट दूर था, तो श्योनन ने फुर्ती के साथ पलट कर कार्रवाई की और गोली चलाई जो उसकी छाती में जा लगी। दोनों सैन्य अधिकारियों की वर्दियां उसके खून से सन गईं। इस समय उन्हें महसूस हुआ कि यह आदमी निहत्था था। परंतु इस समय तक बाकी पैरा कमांडो घर में घुस गए थे और उन्होंने भीतर मौजूद हरेक पुरुष और महिला को गोली मार दी थी।

इसके बाद जो हुआ उसकी वजह से भदौरिया कई रात सो नहीं सके। भदौरिया आज भी उस दृश्य को याद करते हुए बताते हैं, 'रसोई में मैंने दो साल के एक बच्चे को अपनी मां का पल्लू पकड़े देखा। जरा सी आहट होने भर से मेरे हथियार से गोली चली और महिला ज़मीन पर गिर पड़ी। परंतु मैं उस बच्चे को नहीं मार सका। मेरे घर पर भी उसकी ही उम्र का छोटा बच्चा था। तब मैंने खुद से ही कहा कि यह बच्चा भी बड़ा होकर आतंकवादी बनेगा, शायद आत्मघाती हमलावर। इसलिए मैं अपने साथी अरविंद की ओर मुड़ा जो बिहार का एक आदिवासी था, उसकी राइफल से गोली निकली और उस बच्चे को हमेशा के लिए शांत कर दिया। यह एक ऐसा फैसला था जिसका मुझे अपनी पूरी ज़िंदगी अफसोस रहेगा। उस घर में प्रत्येक व्यक्ति या तो एलटीटीई का आतंकवादी था या फिर उनका सक्रिय समर्थक लेकिन उस भयभीत से अबोध बालक को छोड़ कर...'

पैरा कमांडो ने अब पीरंपदी लेन की दोनों ओर पड़ोस के छह मकानों पर धावा बोला और मोर्चा संभाल लिया। ये अधिकांश एकमंज़िला पक्के घर थे जिनमें पॉलीटेक्नीक के प्रोफेसर के मकान की तरह ही ढलान वाली छतें थीं। श्योनन ने प्रत्येक घर के परिवार के सदस्यों को उनके अपने घरों में ही एक कमरे में एकत्र किया। उन्होंने उस कमरे का चयन किया जो सड़क की ओर नहीं थे और उन परिवारों से कहा कि अपना राशन साथ रख लें। परिवारों को पैरा कमांडों के आदेश के बगैर कमरों से बाहर नहीं निकलना था। श्योनन ने उनसे कहा कि 'रात तक या तो हम सभी चल जाएंगे या फिर हम सभी मरेंगे।'

एलटीटीई के लड़ाके इलाके के दूसरे घरों में छिपे हुए थे। पैरा

कमांडो एलटीटीई की घेरेबंदी के दायरे में आ गए थे और उन पर आसपास के मकानों से अंधाधुंध फायरिंग हो रही थी। श्योनन के जीवन में यह पहला मौका था जब वह इतनी ज़बर्दस्त फायरिंग का सामना कर रहे थे। बहुत तत्परता से स्थिति का आकलन करके उन्होंने अपने आदमियों को उन घरों में बांट दिया जिनमें वह थे। श्योनन और डॉक्टर बीच वाली इमारत में ही रुके जहां घायलों के उपचार के लिए एक मेडिकल पोस्ट बनाई गई थी। नायर और भदौरिया को दो छोरों पर स्थिति मकानों में भेजा गया था। स्थिति की बेहतर जानकारी और दिन की रोशनी का फायदा उठाते हुए पैरा कमांडो ने मकानों की खिड़कियों और रोशनदानों से मोर्चा संभाला और जवाबी फायरिंग शुरू कर दी। श्योनन ने अपनी घड़ी में समय देखा। सुबह के 6 बजकर 20 मिनट हुए थे।

इस समय श्योनन के दिमाग में सबसे ऊपर तीन बातें चल रही थीं: 'पहला, अपने साथियों को बचाना – मैं अपना एक भी साथी खोना नहीं चाहता था। दूसरा, एलटीटीई के मुख्यालय को ध्वस्त करने के लक्ष्य को पूरा करना। और तीसरा, ऐसा करते समय और अधिक नागरिकों को मारने से बचना।'

सवेरे 5.30 बजे, श्योनन के सीओ, दलबीर सिंह, जो कोलंबो में भारतीय उच्चायोग में थे, पलाली पहुंच गए थे। वे अपनी यूनिट के साथ जुड़ने के लिए प्रतिबद्ध थे जो युद्ध के बीचोबीच थी। अब 103 पैरा कमांडो और एलटीटीई के लड़ाकों के बीच अनवरत फायरिंग जारी थी। सुबह के सूरज को काले बादलों ने ढक लिया था, जिससे मूसलाधार बारिश की संभावना थी, परंतु इससे बेखबर दोनों ही पक्ष

अडिग लग रहे थे। श्योनन ने देखा कि साइकिल पर युवक आते, एलटीटीई के लड़ाकों में शामिल होते, मोर्चा संभालते, लड़ाई में शामिल होते और फिर लौट जाते। उन्होंने अनुमान लगाया कि वे एलटीटीई के 450 से 500 लड़ाकों से घिरे हुए थे, बाद में खुफिया रिपोर्ट ने इस संख्या की पुष्टि भी की थी।

एक घंटे के भीतर ही पैरा कमांडो को पहली क्षति उस समय हुई जब एलटीटीई के लड़ाकों द्वारा दागा गया गोला उनमें से तीन कमांडो से टकराया। इनमें से एक के सीने पर तीन गोलियां लगीं और उसकी तत्काल मृत्यु हो गई। अन्य दो कमांडो ने ज़ख्मों की वजह से कुछ ही घंटों के भीतर दम तोड़ दिया। श्योनन ने रोशनदान से फायरिंग करके उस व्यक्ति को मार गिराया, जिसने उनके तीन कमांडो को मारा था। इसके बाद, उन्होंने गोलियों की बारिश के बीच ही मारे गए लड़ाकू की जी3 राइफल लेन से उठाने के लिए दौड़ लगा दी। उन्होंने अपनी अत्यधिक अविश्वसनीय स्टेन कार्बाइन छोड़ दी और जर्मन निर्मित राइफल से फायरिंग शुरू कर दी क्योंकि इसमें भी भारतीय राइफलों में इस्तेमाल होने वाली 7.62 एमएम की कारतूस ही इस्तेमाल होती है।

पैरा कमांडो अपने साथ दो डोर लोड्स में प्रचुर मात्रा में गोली-बारूद लाए थे और उन्हें गोली-बारूद बचाने की चिंता नहीं थी।

बारिश की आशंका थी लेकिन वह नहीं हुई और फायरिंग निरंतर जारी रही। पीरंपदी लेन के अंतिम घर में भदौरिया उस समय बाल-बाल बच गए जब एक गोली उस कुर्सी से टकराई जिसे उन्होंने एक सेकंड पहले ही खाली किया था। बाद में, एलटीटीई के लड़ाकों के एक समूह को लेन में दो मकानों के बीच खुले क्षेत्र में देख भदौरिया

और उनके सैनिकों ने अंधाधुंध गोलियां बरसाना शुरू कर दिया। इस कार्रवाई में 12 लड़ाके मारे गए।

~

इस बीच, बीरेंद्र सिंह और उनके साथियों के साथ क्या हो रहा था? सवेरे करीब 10.30 बजे तक पैरा कमांडो जाफना विश्वविद्यालय मैदान में हो रही फायरिंग की आवाज़ सुन सकते थे, विशेषकर सिख एलआई द्वारा एमएमजी से हो रही फायरिंग की आवाज़ें। अचानक ही एमएमजी से फायरिंग होना थम गया – फिर एमएमजी से हो रही फायरिंग की आवाज़ नज़दीक से आती लगने लगी। यह अमंगल सूचक था – इसका मतलब सिर्फ़ एक ही हो सकता था। पलाली ठिकाने को भेजे गए श्योनन के अगले संदेश ने बहुत छोटे से और कसे हुए वाक्य में इस त्रासदी का ब्योरा दिया: 'विश्वविद्यालय मैदान की ओर से अब एमएमजी हमारे ऊपर फायरिंग कर रही है। मेजर बीरेंद्र और उनके सारे जवान मारे गए हैं।'

बीरेंद्र सिंह को पीछे छोड़ कर आ रहे श्योनन को जिस बात की आशंका थी, वही हुआ था। सवेरे की किरण फूटते ही एलटीटीई के लड़ाके पैदल सेना पर हावी हो गए थे। एलटीटीई के निशानेबाज़ों ने बीरेंद्र सिंह सहित 27 सैनिकों को मार दिया था और अब इनमें से सिर्फ़ तीन ही जीवित बचे थे। इन तीनों ने फैसला किया कि उनके बचने का सबसे अच्छा मौका यही है कि हमला बोलकर एलटीटीई के हाथों गंवाई गई अपनी एमएमजी को वापस हासिल किया जाए। अत: अपना बचा हुआ गोला बारूद सिपाही गोरा सिंह को देकर, जो अपनी राइफल से कवर फायरिंग करेगा, इनमें से दो सैनिकों ने एमएमजी

संभाले एलटीटीई के आदमियों पर संगीन से धावा बोल दिया। यह ठीक उसी तरह था जैसे कि एक सदी पहले युद्ध लड़ा जाता था जब सैनिक अपना गोला बारूद खत्म हो जाने पर अपनी राइफल पर संगीन लगाकर हताशा में अंतिम हमले के रूप में दुश्मन पर धावा बोलते थे।

दोनों सैनिकों को गोली मार दी गई और सिपाही गोरा सिंह को एलटीटीई ने ज़िंदा पकड़ लिया। शायद एलटीटीई उससे सीखना चाहती थी कि आईपीकेएफ से पिछले कुछ दिनों में ज़ब्त किए गए रॉकेट लांचर जैसे हथियारों को कैसे चलाया जाता है। गोरा सिंह को नवंबर 1988 में एलटीटीई और आईपीकेएफ के बीच कैदियों की अदला-बदली के दौरान रिहा किया गया। 13 सिख एलआई में उसने सेवा जारी रखी।

श्रीलंकाई सेना को, जो लगातार आईपीकेएफ और एलटीटीई के रेडियो नेटवर्क पर नज़र रखे हुए थी, काफी बेहतर अनुमान था कि बीरेंद्र सिंह और उनकी पैदल सेना तथा श्योनन और उनके पैरा कमांडो कैसा संघर्ष कर रहे हैं। इस त्रासदी के बारे में उसने अपने आकलन में यह निष्कर्ष निकाला कि पैदल सेना को उस इलाके के बारे में, जहां वे उतरने वाले थे, सही तरीके से जानकारी दिए बगैर ही हेलीकॉप्टर से उतारा गया और उन्हें एलटीटीई की मारक क्षमता और तरीकों के बारे में आगाह भी नहीं किया गया था। भारतीय सेना की आधिकारिक रिपोर्ट ने हालांकि यह स्वीकार किया कि बीरेंद्र सिंह के आदमियों ने 'समर्पण करने की एलटीटीई की मांग की अनसुनी करते हुए घंटों तक बहादुरी से संघर्ष किया', लेकिन इसके लिए उन्हें ही ज़िम्मेदार ठहराया

क्योंकि उन्होंने 'रात के दौरान अपने बचाव की ठीक से तैयारी नहीं की और इसलिए 12 अक्तूबर को भोर होते ही हेलीकॉप्टर के उतरने वाले क्षेत्र के सामने वाली इमारतों से एकदम सीधे निशाने पर आ गए।' इस रिपोर्ट में इस पैराग्राफ का शीर्षक सबकुछ कह देता है: 'द डिजास्टर' (तबाही)।

~

पीरंपदी लेन में एलटीटीई और श्योनन तथा उनके आदमियों के बीच ज़बर्दस्त संघर्ष चलता रहा। दोनों पक्षों में कुछ स्थानों पर महज 40 मीटर की दूरी थी और एक भी मिनट ऐसा नहीं बीता जब एके-47 या जी3 से दागे गए तीन चार धमाकों की आवाज़ सुनाई नहीं पड़ती हो। एलटीटीई के लड़ाके इलाके में आने और बाहर जाने की स्थिति में थे जबकि श्योनन के पैरा कमांडो मकानों के भीतर ही फंसे हुए थे।

हर घंटे, एलटीटीई के 15 से 20 लड़ाकों का समूह एक न एक मकान पर धावा बोलने का प्रयास करता था। लुंगी पहने ये लड़ाके मकान पर तीन तरफ से हमला बोलते, फायरिंग करते और अपनी आवाज़ बुलंद करके चीखते थे। भदौरिया ने भी दूसरे कमांडो की तरह ही ऐसे एक हमले को विफल किया था परंतु सवेरे करीब 10 बजे श्योनन ने महसूस किया कि इनसे निबटने के लिए और अधिक मारक क्षमता की ज़रूरत है। उन्होंने उन घरों को निशाना बनाने के लिए तोपखाने की मदद लेने का निर्णय किया जहां से एलटीटीई के लड़ाके उनके आदमियों पर गोलियां बरसा रहे थे।

तोपखाने से कई किलोमीटर दूर से भी गोले दागे जा सकते हैं। तोप से गोले दागने वाला तोपची निशाने को देखता नहीं है बल्कि एक

नक्शे पर लक्ष्य की स्थिति के आधार पर निशाने और गोले के मार्ग का हिसाब लगा कर गोले छोड़ता है। जब पहला गोला गिरता है तो उसके आसपास मौजूद सैन्यकर्मी अगले गोले के प्रक्षेपण के लिए लक्ष्य को 'ठीक' करने के – मसलन 50 मीटर उत्तर, 100 मीटर पूरब और ऐसे ही अन्य – निर्देश देता है। तोपखाने की श्रेणी के अनुसार लक्ष्य की सीमा 35 किलोमीटर तक निर्धारित करके निशाना लगाया जा सकता है परंतु जैसे ही उन्होंने तोपखाने से गोले दागने का अनुरोध किया तो वो यह जानकर हक्का-बक्का रह गए: तोपखाना ब्रिगेड तोपें तो श्रीलंका लाई है परंतु इसके गोले नहीं आए हैं।

श्योनन याद करते हुए बताते हैं कि यह सुनकर वह हतप्रभ रह गए और उन्हें विश्वास ही नहीं हुआ। वह कहते हैं, 'जब हम अभ्यास के लिए भी जाते हैं, तो हम प्रशिक्षण वाला गोला-बारूद लेकर चलते हैं ताकि जीवित गोला-बारूद पकड़ते समय जवान सहज महसूस करें। हम यहां समुद्रपार तैनात थे, और हमारे पास तोपों का गोला-बारूद ही नहीं था।'

सौभाग्य से, श्रीलंका की सेना मदद के लिए आई। उनके पास जाफना फोर्ट में 120 एमएम मोर्टार वाली तीन तोपें थीं। मोर्टार, तोपखाने की तोप का छोटा संस्करण है परंतु यह पहियों पर नहीं होता है और वह कम दूरी तरह मार कर सकता है। श्रीलंका की सेना के इंजीनियरों का दल इन मोर्टारों को संचालित करता था।

लेकिन अभी भी एक समस्या थी। आईपीकेएफ के डिवीज़न मुख्यालय, श्रीलंकाई सेना की मोर्टार टुकड़ी और श्योनन के पास सही जगह पर मोर्टार दागने के लिए निर्देशित करने के लिए सेना के ग्रिड

वाले समान नक्शे उपलब्ध नहीं थे। अतः सैन्य डिवीज़न मुख्यालय ने फैसला लिया कि सेना के पायलट मेजर चौधरी अपने चेतक हेलीकॉप्टर से एक नक्शा लेकर जाएं, श्योनन के ठिकाने के ऊपर मंडराएं और श्रीलंकाई सेना को इसकी सूचना भेजें। हालांकि चौधरी को ठीक से यह नहीं मालूम था कि पैरा कमांडो कहां पर हैं।

श्योनन ने अपने ठिकाने का संकेत देने के लिए सबसे पुराने तरीके आग और धुएं का इस्तेमाल किया। परिवार से एक साड़ी लेकर श्योनन के दल ने उसे मिट्टी के तेल में भिगोया और उसमें आग लगाकर उसे एक डंडे पर रखकर उस घर की छत पर लगा दिया जिसमें वे थे। चौधरी ने आग देखी और उस घर के ऊपर अपना हेलीकॉप्टर मंडराते हुए श्योनन के साथ अपने रेडियो सेट का इस्तेमाल करके बातचीत करना शुरू कर दिया।

तोप के गोलों का लक्ष्य सही कराने के लिए श्योनन ने अपने दो पैरा कमांडो मकान की छत पर भेजे। यह अब त्रिकोणीय संवाद होने जा रहा था: घर की छत पर पैरा कमांडो का श्योनन से, घर के भीतर से श्योनन का हेलीकॉप्टर में चौधरी से और चौधरी का जाफना फोर्ट पर श्रीलंका की सेना से। इसमें विकृत रूप में संदेश मिलने का जोखिम भी था, जैसा कि कानाफूसी के चीनी खेल में होता है।

एक श्रीलंकाई सैनिक ने मोर्टार दागा और पहला गोला लक्ष्य से थोड़ी दूर गिरा। छत से दोनों पैरा कमांडो ने दूरी का आकलन किया, श्योनन ने निशाने में सुधार का संदेश दिया: 100 मीटर उत्तर और 50 मीटर पूरब। अब नक्शों की और ज़रूरत नहीं थी। गोले लक्ष्य के नज़दीक गिर रहे थे। चूंकि चौधरी के हेलीकॉप्टर में ईंधन कम हो रहा

था, इसलिए वह पलाली लौट गया। अत: श्योनन ने अपने रेडियो सेट के माध्यम से सीधे ही श्रीलंकाई सैनिकों से संवाद शुरू किया। और फिर उन्होंने यह एक 'सुधार' करने का संदेश दिया।

श्योनन उस घटना को याद करते हुए कहते हैं, 'मुझे नहीं मालूम था कि मैं मोर्टार के लिए लक्ष्य में सिर्फ़ 25 मीटर तक ही सुधार का संदेश दे सकता हूं। मैंने सोचा कि मैं कम से कम 50 मीटर के गुणकों में सुधार का संदेश दे सकता हूं।' जिन घरों से उन पर फायरिंग हो रही थी, उनके नज़दीक गोला दागने के लिए उन्होंने 50 मीटर दक्षिण का संदेश दिया। यह विनाशकारी साबित हुआ: अगला गोला उन इमारतों पर गिरा जिनमें पैरा कमांडो थे।

मोर्टार से गिरते गोलों के लक्ष्य का आकलन करने के लिए छत पर तैनात पैरा कमांडो गंगा राम के ऊपर गोला गिरा और उसने अपना दाहिना पांव गंवा दिया। उसकी टुकड़ी के कमांडर हवलदार देवी सिंह उसकी ओर दौड़े परंतु उनके पास पहुंचने से पहले ही गंगा राम ने अपनी राइफल अपने सीने पर रखकर उसका घोड़ा दबा दिया।

इसी गोले ने श्योनन के सहायक उमेश के कूल्हे का मांस शरीर से अलग कर दिया था। अब डॉक्टर ने श्योनन से पूछा कि क्या उसे उमेश को बचाने का प्रयास करना चाहिए, जिसके शरीर से बुरी तरह खून बह रहा था, और इसे रोकने के प्रयास में बहुत अधिक दवाएं और पट्टियां लग जाएंगी और इसके बाद किसी अन्य के ज़ख्मी होने की स्थिति में उसके इलाज के लिए बमुश्किल ही कुछ बचेगा। श्योनन ने डॉक्टर से कहा, 'मुझसे मत पूछो। व्यावहारिक निर्णय लो, मेडिकल आवश्यकता के अनुसार निर्णय लो। यदि एक ज़िंदगी बचाने या दस

ज़िंदगियां बचाने के बीच निर्णय लेना हो, तो हमें दस ज़िंदगियां बचानी चाहिए।' डॉक्टर ने अब अपना निर्णय लिया। उसने खून रोकने के लिए घर में उपलब्ध साड़ियों और लुंगियों का पट्टी के रूप में इस्तेमाल किया परंतु इसका कोई फायदा नहीं हुआ। उमेश को बहुत अधिक दर्द हो रहा था। दो घंटे बाद उसकी मृत्यु हो गई। श्योनन न तो भावनाओं में आते हैं और न ही वह अपने निर्णय पर संदेह या अफसोस ज़ाहिर होने देते हैं। अपनी गलती की वजह से दो साथियों की मौत को लेकर अतीत के इस दिल दहलाने वाले अनुभव के बारे में श्योनन अपने नपे-तुले अंदाज़ में कहते हैं,

'जब आप सैन्य कार्रवाई के बीच में होते हैं तो इस तरह की जनहानि आपको प्रभावित नहीं करती। इस घटना ने दो दिन बाद मुझ पर असर डाला। और मोर्टार को निर्देश देने में हुई गलती के लिए मुझे बहुत ही अफसोस हुआ। मुझे दुख यही है कि यदि मैं 'तोपखाने के गोले' के बारे में प्रशिक्षित होता, तो मुझे 25 मीटर तक के सुधार की जानकारी होती।'

मोर्टार से बरसाए गए गोलों ने, हालांकि इससे दो पैरा कमांडो की भी जान गई, अपना काम कर दिया था। सवेरे करीब 11 बजे एलटीटीई ने पलाली में डिवीज़न मुख्यालय से संपर्क करके मोर्टार से गोले बरसाना बंद करने का अनुरोध किया क्योंकि इसमें उनके 40 लड़ाके मारे जा चुके थे और वह इनके शव निकालना चाहते थे। मोर्टार के दो गोले एकदम सही निशाने पर गिरे थे। डिवीज़न मुख्यालय ने इस संदेश के बारे में श्योनन को सूचित किया।

अपने तीन आदमियों को खोने के बाद श्योनन दुश्मन के साथ किसी भी तरह की बातचीत के पक्ष में नहीं थे और उन्होंने श्रीलंकाई सेना से

और अधिक गोले बरसाने के लिए कहा। परंतु श्रीलंकाई जवान ने उनसे कहा कि अब उनके पास तीन मोर्टार के लिए सिर्फ़ तीन ही राउंड गोले बचे हैं। श्योनन ने डिवीज़न मुख्यालय से पूछा कि क्या उसके पास मोर्टार का गोला-बारूद था जिसे श्रीलंकाई सेना को दिया जा सके। डिवीज़न मुख्यालय ने जवाब दिया कि वह मोर्टार का एक भी गोला बारूद भारत से नहीं लाया है। श्योनन ने आपात स्थिति के लिए इन नौ गोलों को श्रीलंकाई सेना के पास ही रहने देने का निर्णय लिया।

एलटीटीई के लड़ाकों को अब मोर्टार के गोलों का निशाना नहीं बनाया जा रहा था परंतु पैरा कमांडो तथा एलटीटीई के बीच गोलीबारी जारी थी। अपराह्न तीन बजे, श्योनन ने अपने दल को पुनर्गठित किया और अब वे सिर्फ़ पांच घरों में ही थे। छह घरों से अपने आदमियों को बाहर लाने के लिए उन्होंने एलटीटीई की ज़बर्दस्त फायरिंग के बीच दौड़ लगाई और एक बार फिर उन्हें चमत्कारिक तरीके से खरोंच तक नहीं आई।

इसके थोड़ी देर बाद ही श्योनन एक बार फिर किस्मत से बच गए। अपने पैरा कमांडो मनोहर, जो खिड़की से अपनी राइफल से फायरिंग कर रहा था, के पीछे खड़े श्योनन कमरे से बाहर निकलने के लिए मुड़े ही थे कि उनके पीछे की दीवार से 40 एमएम का ग्रेनेड टकराया। उनकी पीठ और गर्दन पर इसके टुकड़े और छर्रे गिरे जिनका पता कुछ दिन बाद ही चला जब तेज़ बुखार की वजह से वे डॉक्टर के पास गए। अधिकांश टुकड़े उनकी रीढ़ की हड्डी के काफी नज़दीक लगे थे और आज भी वहीं हैं। परंतु मनोहर की कुछ मिनट बाद ही उसी स्थान पर मृत्यु हो गई जब एक बुलेट उसके मुंह और सिर को भेदती हुई निकल गई।

पैरा कमांडो द्वारा अपना ठिकाना बनाए गए मकानों पर दोबारा कब्ज़ा करने के प्रयास में अपने अनेक लड़ाकों को खोने के बाद एलटीटीई ने शाम करीब चार बजे अपना हमला रोक दिया था। बस छुटपुट फायरिंग चल रही थी। परंतु एक अजीबो-गरीब हादसे ने पीरंपदी लेन के पांच मकानों में फंसे श्योनन और उनके आदमियों के लिए उस दिन को और भी भयावह दुःस्वप्न बना दिया। एक पैरा कमांडो ने अपना रॉकेट लांचर – जो सामान्यतया खुले इलाके में ही दागा जाता है – एक घर की खिड़की से दागा, लेकिन उसमें पीछे की ओर होने वाले धमाके (बैक-ब्लास्ट) से उसके पीछे की पार्टीशन दीवार ढह गई और एक कमरे की छत भी धंस गई। यह वह जगह थी जहां उस घर के निवासियों को पनाह लेने के लिए कहा गया था। इस हादसे में परिवार के सभी सात सदस्यों की तत्काल मृत्यु हो गई।

इस लेन में जिन इमारतों से एलटीटीई के लड़ाके फायरिंग कर रहे थे, उसके मध्य में पक्के मकानों के बीच ही एक झोंपड़ी भी थी। हालांकि इस झोंपड़ी से किसी ने भी गोली नहीं चलाई थी, लेकिन श्योनन के आदमी इस झोंपड़ी को नष्ट करना चाहते थे क्योंकि यह एक आसान लक्ष्य थी। श्योनन ने उन्हें ऐसा करने से रोक दिया। उन्होंने अपने आदमियों से कहा, 'हमें हो सकता है रात में किसी को अपने ठिकाने का संकेत देने के लिए इसकी ज़रूरत पड़े। हम उस समय इसमें आग लगा सकते हैं।' यह विचार बाद में सही निकला।

शाम ढलने के बाद जैसे ही रात हुई और आसमान खुला, तो एलटीटीई की संघर्ष क्षमता में कमी नज़र आने लगी। यदि श्योनन और उनके आदमियों को यहां से निकलना था, तो उनके लिए रात के अंधेरे

में ही यहां से निकल जाना ज़रूरी था। हालांकि, उनके साथ एक समस्या थी: पैरा कमांडो के छह शव थे और 14 कमांडो ज़ख्मी हालत में थे। श्योनन ने पलाली ठिकाने को सूचित किया कि उनके लिए सभी मृतकों और घायलों को लेकर अपना रास्ता बनाते हुए पलाली लौटना संभव नहीं है – वे अधिक से अधिक छह घायलों को लेकर चल सकते हैं परंतु अन्य को एलटीटीई की दया पर पीछे ही छोड़ना पड़ेगा। उन्हें सभी मृत सैनिकों और घायलों को पलाली लाने के लिए मदद की ज़रूरत थी। किस्मत से, वह मदद रास्ते में ही थी।

~

पलाली में, सैन्य कार्रवाई शुरू होने के कुछ घंटों के भीतर ही, डिवीज़न मुख्यालय में घबराहट का माहौल था। 1971 के युद्ध के हीरो हरकीरत सिंह इस स्थिति से उबरने के लिए अपने सारे अधिकारों का पहले ही इस्तेमाल कर चुके थे। जब हेलीकॉप्टर की और उड़ानों को रद्द करना पड़ा तो मिश्रा की 72वीं पैदल ब्रिगेड को जाफना विश्वविद्यालय की ओर पैदल ही कूच करने का आदेश दिया गया था। अग्रिम दस्ते का नेतृत्व 4/5 गुरखा राइफल्स कर रही थी। बाकी ब्रिगेड अभी पलाली में ही और जवानों के आने का इंतज़ार कर रही थी।

उसी दिन बाद में हरकीरत सिंह ने जाफना विश्वविद्यालय के इलाके का जायज़ा लेने के लिए चेतक हेलीकॉप्टर से उड़ान भरी। अभी बमुश्किल वे आसमान की ओर उड़े ही थे कि एलटीटीई द्वारा चलाई गई मशीन गन की गोली जनरल और उनके पायलट की सीटों के बीच में तीन इंच के खाली स्थान में जा लगी। इस घटना के बाद हेलीकॉप्टर वापस पलाली लौट आया।

हरकीरत ने अब अपनी योजनाओं में बदलाव किया। सेठी को – जिन्हें अभी तक बीरेंद्र सिंह के नेतृत्व में गए अपने 29 आदमियों के बारे में कोई सूचना नहीं थी और उनकी दो कंपनियों को अभी श्रीलंका पहुंचना था – अपने 80 जवानों के साथ छह गाड़ियों में जाफना की ओर आगे बढ़ना था और 4/5 गुरखा राइफल्स के साथ मिलना था। सेठी 12 अक्तूबर को सवेरे साढ़े छह बजे अपनी फौज के साथ आगे बढ़े तो एलटीटीई रुक-रुक कर फायर करती रही। वे जाफना से छह किलोमीटर पहले, उरेलू गांव के बाहरी इलाके में 4/5 गुरखा राइफल्स से मिले। वह जाफना की ओर इससे आगे नहीं बढ़ सके क्योंकि एलटीटीई के लड़ाकों ने घेराबंदी कर रखी थी।

सेठी को अब अपना रास्ता बदल कर गांवों के बीच से कूच करने और बीरेंद्र सिंह तथा उनके आदमियों के साथ मिलने का आदेश मिला। सेठी ने अपने अधिक से अधिक जवानों की ज़िंदगी बचाने के लिए हर संभव प्रयास करना अपना कर्तव्य समझा। परंतु उन्हें डिवीज़न मुख्यालय ने निराश कर दिया। सेठी को गुमराह करते हुए यह विश्वास दिलाया गया कि बीरेंद्र सिंह और उनके आदमी फंसे हुए हैं क्योंकि हेलीकॉप्टर ने उन्हें उतरने के वैकल्पिक क्षेत्र में उतार दिया था। यह ज़मीन का एक खुला हिस्सा था जिसका चयन डिवीज़न मुख्यालय ने नक्शे से इतर ही अनुमान के आधार पर उस समय किया था जब श्योनन ने इसकी मांग की थी।

सच्चाई तो बाद में जांच के दौरान सामने आई। उतरने के लिए चुना गया वैकल्पिक मैदान दो एमआई-8 हेलीकॉप्टर की बात कौन करे, चेतक हेलीकॉप्टर के उतरने के लिए भी बहुत ही छोटा था। या तो युद्ध

की योजना को लेकर भ्रम की वजह से या सिख एलआई को जाफना फुटबॉल मैदान पर पीछे छोड़ने के पैरा कमांडो को आदेश दिए जाने के तथ्य पर पर्दा डालने के लिए डिवीज़न मुख्यालय ने यह दावा करने का प्रयास किया कि ये आदमी इसलिए मारे गए क्योंकि वायु सेना ने उन्हें वैकल्पिक लैंडिंग क्षेत्र में उतारा था, जबकि पैरा कमांडो विश्वविद्यालय के मैदान में उनका इंतज़ार कर रहे थे।

यह गलत खबर बाद में भी मीडिया में लंबे समय तक आती रही। द *हिंदू* अखबार ने 21 अक्तूबर, 1987 को लिखा: 'दुर्भाग्यवश रात के अंधेरे में सिख एलआई के जवानों को लैंडिंग क्षेत्र से करीब दो किलोमीटर दूर खुले मैदान में उतार दिया गया था। पैरा कमांडो सफलतापूर्वक उतर गए थे परंतु सिख एलआई के जवान ज़बर्दस्त मोर्चेबंदी वाले इलाके में फंस गए थे और हालांकि घिर जाने के बावजूद पूरी तरह पराजित होने से पहले 24 घंटे तक बहुत ही वीरतापूर्वक संघर्ष किया।'

यही विवरण *इंडिया टुडे* की फरवरी, 1988 की रिपोर्ट में दोहराया गया।

बीरेंद्र सिंह के वैकल्पिक लैंडिंग क्षेत्र में फंस जाने के बारे में भरोसा करते हुए, सेठी ने बगैर किसी गाइड या सही नक्शे के मूसलाधार बारिश और एलटीटीई के लड़ाकों की फायरिंग के बीच ज़मीन के खुले टुकड़े की ओर कूच करना शुरू किया। उरेलू गांव से रास्ता बदलने की वजह से वे अब वैकल्पिक लैंडिंग क्षेत्र से एक किलोमीटर दूर कोंदाविल पहुंच गए परंतु वे इससे आगे नहीं जा सके। एलटीटीई ने वहां पर ज़बर्दस्त मोर्चाबंदी कर रखी थी और सेठी की फौज ज़बर्दस्त फायरिंग की ज़द में आ गई। उनके पांच जवान मारे गए और 27 अन्य

ज़ख्मी हो गए थे।

इस कार्रवाई में बुरी तरह ज़ख्मी हवलदार कुलदीप सिंह ने बाद में *इंडिया टुडे* को बताया: 'चारों ओर से घात लगाकर फायरिंग कर रहे लड़ाकों ने हमें रोक दिया। हमारी यूनिट के चार आदमी मारे गए थे। यह बहुत ही मुश्किल घड़ी थी। हमें इस तरह के युद्ध के लिए प्रशिक्षित नहीं किया गया था।'

इस संघर्ष में जहां भी कुछ गड़बड़ी हो सकती थी, आखिर वहां गड़बड़ी होकर ही रही। हरकीरत सिंह को बाद में पता चला कि एलटीटीई ने आईपीकेएफ के रेडियो संचार नेटवर्क में सेंध लगा ली थी और वे भारतीय जवानों से हमेशा ही एक कदम आगे होते थे और उनके पास घात लगाने की योजना तैयार करने के लिए पर्याप्त वक्त होता था।

12 अक्तूबर को शाम छह बज की स्थिति थी: जाफना विश्वविद्यालय के मैदान में बीरेंद्र सिंह और सिख एलआई बलाटियन के 29 जवान या तो लापता हैं या मारे जा चुके हैं; श्योनन और उनके 102 पैरा कमांडो (मुख्यालय में किसी को यह नहीं मालूम था कि उनमें से छह मर चुके हैं) कोकुविल पूर्व में एलटीटीई के 500 लड़ाकों से घिरे हुए हैं; बीरेंद्र सिंह और उनके आदमियों को बचाने के मिशन पर निकले सेठी और उनकी सिख एलआई की टुकड़ी को कोंदाविल में एलटीटीई के जवानों ने अपने जाल में फंसा लिया है; और 4/5 गुरखा राइफल्स का रास्ता एलटीटीई ने अवरुद्ध कर रखा था जिस वजह से वे उरेलू मंदिर की क्रॉसिंग के आगे नहीं बढ़ सके।

~

इस बीच, सेठी की बाकी सिख एलआई बटालियन भी भारत से पलाली पहुंच गई। उसे 65 बख्तरबंद रेजीमेंट, जो सवेरे साढ़े आठ बजे ही पहुंची थी, की तोपों के साथ-साथ, मिश्रा की 72 पैदल ब्रिगेड में शामिल होने के आदेश दिए गए। श्योनन के सीओ दलबीर सिंह ने टैंकों और सिख एलआई की ताज़ा पहुंची फौज के साथ शामिल होने पर ज़ोर दिया। मिश्रा को अब हरकीरत सिंह ने कोंदाविल में फंसे सेठी और उनके आदमियों तथा कोकुविल में एलटीटीई के लड़ाकों से मोर्चा ले रहे 10 पैरा कमांडो दस्ते के सदस्यों को निकालने की ज़िम्मेदारी सौंपी।

टैंक दस्ते के कमांडर थे मेजर अनिल कौल। वह अपने दो टैंकों के साथ पलाली पहुंचे थे और वह उस समय भौंचक्के रहे गए जब उन्होंने निराश से लग रहे हरकीरत सिंह को चिल्लाते हुए पंजाबी में यह कहते सुना: 'मुझे शांति बनाए रखने के लिए भेजा गया था, अचानक ही वे मुझसे युद्ध करने की अपेक्षा कर रहे हैं।' डिवीज़न मुख्यालय में उन्हें कर्नल जी.एस. से मिली संक्षिप्त ब्रीफिंग ने उन्हें हैरान कर दिया। उन्हें बताया गया कि 'जाफना जाने वाली सड़क से सारा प्रतिरोध खत्म कर दिया गया है – हालांकि, मुझे संवर्धित विस्फोटक संयंत्रों, सड़क के किनारे पेड़ों या ऊंची इमारतों पर घात लगाए बैठे निशानेबाज़ों और ओट से मीडियम मशीन गन से होने वाली फायरिंग के प्रति सावधान रहना होगा। वैसे, सड़क साफ है।' कौल समझ ही नहीं सके इस ब्रीफिंग का क्या अर्थ है जिसमें दो परस्पर विरोधी बातें कहीं जा रही हैं। उन्हें यह भी निर्देश दिया गया: '72 पैदल ब्रिगेड को ठोस ठिकाना बनाने में मदद की जाए ताकि जाफना विश्वविद्यालय में एलटीटीई के

मुख्यालय पर कब्ज़ा किया जा सके।'

मेजर कौल ने बात में याद किया, 'सवेरे साढ़े दस बजे मेरी तोपों पर सवार, पीठ पर पिट्ठू बांधे पैदल सेना की एक कंपनी के साथ हम पलाली बेस से निकले। इस दृश्य को दूरदर्शन के टीवी कैमरे कैद कर रहे थे जिसे भारत में दर्शकों को टीवी के पर्दे पर बार-बार दिखाया जा गया ताकि यह आभास कराया जा सके कि जाफना के युद्ध के लिए बड़ी संख्या में टैंकों का दल और फौज का आगमन हो चुका है।'

एक घंटे के भीतर ही वह उरेलू मंदिर क्रॉसिंग पहुंच गए और मिश्रा की ब्रिगेड के साथ हो लिए जो 4/5 गुरखा राइफल्स के अधिकारियों के पास पहुंच चुकी थी, जो निराशा में सड़क पर पनाह लिए हुए थे। दलबीर सिंह और कौल को कोंदाविल भेजा गया था जहां सेठी और उनके आदमी फंसे हुए थे। वे रात साढ़े आठ तक उन्हें उरेलू मंदिर क्रॉसिंग वापस ले आए थे। इस प्रक्रिया के दौरान उन पर फायरिंग भी हुई थी। दलबीर सिंह, जो कौल के टैंक पर सवार थे, याद करते हैं कि जब उन्होंने स्वीकार किया कि वे भयभीत थे तो उनके साथ का पैरा कमांडो हवलदार हंसा और बोला, 'साहब, अगर यहां गोलियां नहीं चलेंगी तो क्या फूल बरसेंगे?' शर्मिंदा दलबीर ने तत्परता से अपनी मन:स्थिति पर काबू पाया। उस दिन गोलियों पर उनका नाम नहीं लिखा था परंतु कौल इतने खुशकिस्मत नहीं थे। वह बुरी तरह ज़ख्मी हो गए थे। जब उनका टैंक संकरी लेनों से गुज़र रहा था और एक क्षण के लिए उन्होंने अपने टैंक के गुंबज का दरवाज़ा खोला तभी एलटीटीई द्वारा दागा गया 40 एमएम का गोला उसके बुर्ज से टकराया। इस विस्फोट ने उनकी उंगली अलग कर दी जबकि गोले के टुकड़े उनकी

आंख और हाथ से टकराए। उनके आदमियों ने उन्हें मॉर्फीन दी और फिर उरेलू में मिश्रा के ठिकाने पर उन्हें रखा।

~

श्योनन और उनके आदमियों को पांच किलोमीटर दूर पीरंपदी लेन से बाहर निकालने का काम अभी भी बाकी था। तब यह फैसला किया गया कि दलबीर सिंह सिख एलआई की थोड़ी फौज को लेकर इन टैंकों के साथ श्योनन और उनके आदमियों को वापस लाने जाएंगे। दलबीर सिंह और उनके दो पैरा कमांडो सोवियत निर्मित तीन टी-72 टैंकों के साथ रवाना हुए। पलाली स्थित एक तीसरे टैंक को भी इस काम के लिए तैनात किया गया था।

दलबीर सिंह ने पिछले दो महीने में कई बार इस इलाके पर उड़ान भरी थी और वह इसकी सड़कों और रेलवे लाइनों के नक्शे से परिचित थे। अब जिसे वह 'दैवीय प्रेरणा का क्षण' कहते हैं, उस क्षण में उन्होंने टैंकों को पलाली-जाफना रेलवे लाइन से होकर ले जाने का फैसला किया जो जाफना विश्वविद्यालय की बाईं ओर से गुज़रती थी। दलबीर बताते हैं, 'यदि मैंने रेलवे लाइन के साथ चलने का निर्णय नहीं किया होता तो मैं कभी भी अपने आदमियों तक नहीं पहुंच पाता।' एलटीटीई के लड़ाके, जो सड़कों पर और लेन में घात लगाकर हमारे ऊपर हमला करने का इंतज़ार कर रहे थे, हक्के-बक्के रह गए। रेलवे लाइन पर भारी तटबंध नहीं था और इसलिए टैंक आसानी से आगे बढ़ सकते थे।

आधी रात बीत चुकी थी जब दलबीर सिंह ने श्योनन से उनका सही ठिकाना पूछा। एक अनजान इलाके में अपने ठिकाने की सही जानकारी के बारे में निर्देश देना एक बेकार की कवायद थी, इसलिए

श्योनन ने संकेत देने के लिए अपने आदमियों को उस अकेली झोंपड़ी को जला देने का आदेश दिया। श्योनन ने अपने सीओ से कहा, 'हमने एक झोंपड़ी में आग लगा दी है। एक पेड़ पर चढ़िए तो आपको आग नज़र आएगी। इस झोंपड़ी तक पहुंचने के लिए आपको एक बड़ा चौराहा मिलेगा और वहां से आप दाहिनी ओर मुड़ जाएं।'

दलबीर सिंह को बगैर किसी अधिक मुश्किल के रास्ता मिल गया। 13 अक्तूबर को सवेरे 4 बजे तक, श्योनन ने अपने आदमियों की गिनती की और सामान का जायज़ा लिया और इसकी जानकारी अपने सीओ को दी: छह पैरा कमांडो मृत हैं, तीन प्रारंभिक झड़प में, दो गोला गिरने से और शाम को एक कमांडो को खिड़की से गोली मारी गई – और 14 ज़ख्मी हैं।

इस रेकार्ड पर श्योनन को फख्र है। वह गर्व से बताते हैं, 'हमने 26 घंटे से भी अधिक समय तक तोपखाने की सहायता के बगैर ही ज़बर्दस्त संघर्ष किया और हम अपनी जनहानि को न्यूनतम रखने में कामयाब थे। इसी अवधि के दौरान दूसरों को हुई जनहानि से इसकी तुलना कीजिए।'

अब उनके पास टैंक भी थे, दलबीर सिंह और श्योनन ने उन घरों को ध्वस्त करने का फैसला किया जहां से एलटीटीई के लड़ाके फायरिंग कर रहे थे। परंतु एक टैंक का गोला-बारूद रास्ते में ही खत्म हो गया था, दूसरे टैंक का एक गोला उसकी नली में फंस गया था और तीसरे टैंक से गोला दागने के लिए उसके चालक दल के साथ उनका गनर ही नहीं था। उन्होंने दूसरे टैंक के गनर से तीसरे टैंक से गोले दागने के लिए कहा परंतु वह उस तोप का इस्तेमाल ही नहीं कर सका। तीसरे

टैंक से गोला दागने में 45 मिनट लग गए जिससे दलबीर सिंह और श्योनन दोनों हतोत्साहित भी हुए।

सवेरे उजाला हो जाने को लेकर चिंतित दोनों ने रात के अंधेरे में ही तत्परता से अपना रास्ता बनाने का निर्णय किया। परंतु उसी वक्त टैंक के साथ सबसे वरिष्ठ जेसीओ ने बताया कि उसका एक टैंक कीचड़ वाले इलाके में फंस गया है, और उसे निकालने के लिए उन्हें रिकवरी वाहन चाहिए। इस पर श्योनन ने कुछ अलंकृत भाषा का प्रयोग किया और जेसीओ से कहा कि वे उसे टैंक के साथ ही पीछे छोड़ जाएंगे और एलटीटीई फिर उसे सुबह में सब कुछ बताएंगे कि कैसे अपने निजी अंगों का इस्तेमाल करके टैंक को बाहर निकालते हैं।

यह सुनकर हरकत में आए जेसीओ ने टैंक के चालक को बाहर किया और वह उसकी सीट पर बैठ गया। फिर उसने इतनी तेज़ी से टैंक को पीछे किया कि इससे एक छोटा मकान पूरी तरह नष्ट हो गया (सौभाग्य से वह मकान खाली था)। पैरा कमांडो ने अपने सभी छह मृतक साथियों के शव और 14 ज़ख्मी साथियों को टैंकों के ऊपर रखा और पलाली वापस लौटना शुरू कर दिया। वे सवेरे का उजाला फैलने से पहले अधिक से अधिक दूरी तय करना चाहते थे।

दलबीर सिंह के साथ आए सिख एलआई के जवान पहले ग्वालियर से आगरा और फिर पलाली से कोकुविल तक पिछले 48 घंटों में लगातार यात्रा ही कर रहे थे और वे इतने अधिक थके हुए थे कि इनमें से अधिकांश सैनिक श्योनन और उनके पैरा कमांडो तक पहुंचते ही सो गए थे। उन्हें जगाया गया और चलने के लिए कहा गया।

वे अभी चलने की तैयारी कर रही रहे थे कि श्योनन के जेसीओ में

से एक ने दलबीर सिंह से कहा कि वह उन्हें कुछ दिखाना चाहता है। वह अपने सीओ को उस मकान में ले गया जिसमें दिन के दौरान वह तैनात था और उसने एक अलमारी खोली। इस अलमारी में ऊपर तक नकदी और सोना रखा हुआ था।

जेसीओ ने कहा, 'हमने इसे छुआ तक नहीं है। कल कोई हमारे ऊपर यह आरोप लगा सकता है और इसीलिए मैं आपको यह दिखाना चाहता था।' जेसीओ ने मकान के मालिकों को बुलाया और उनसे अपना सारा कीमती सामान और नकदी सही सलामत होने की पुष्टि करने के लिए कहा। उन्होंने हर घर में ऐसा ही किया, जब तक वे सभी संतुष्ट नहीं हो गए कि भारतीय जवानों ने कुछ भी नहीं लिया था।

श्योनन बताते हैं, 'उस दिन मौत इतनी नज़दीक थी कि यदि कोई भी कुछ गलत करने के लिए लालायित होता – जिसके लिए उसके पास काफी समय था – तब भी वो ऐसा नहीं करता।'

मानवाधिकार कार्यकर्ता और जाफना विश्वविद्यालय की प्रोफेसर डॉ रजनी तिरंगम ने – जिनकी बाद में एलटीटीई ने हत्या कर दी – अपनी पुस्तक *ब्रोकेन पाल्मीराह* में श्रीलंकाई सेना, आईपीकेएफ, एलटीटीई और दूसरे तमिल समूहों द्वारा 1987-88 के दौरान मानवाधिकारों के हनन के बारे में लिखते समय पैरा कमांडो का विशेष रूप से उल्लेख किया है। वे कहती हैं कि कमांडो के 'काले सफेद बालों वाले मेजर' – श्योनन – ने काकुविल पूर्व में परिवारों के साथ बहुत ही गरिमापूर्ण व्यवहार किया, नागरिकों की ज़िंदगी के प्रति चिंता दिखाई और यह सुनिश्चित किया कि घरों से कुछ भी लूटा नहीं जाए।

~

13 अक्तूबर को पौ फटने के समय तक दलबीर सिंह और उनके आदमियों के साथ टैंक एक किलोमीटर दूर रेलवे लाइन तक पहुंच गए थे। पैरा कमांडो टैंकों के साथ चल रहे थे, उन पर रेलवे लाइन के दोनों ओर स्थित घरों से गोलियां चलाई गईं। चूंकि कोई भी टैंक अपनी मुख्य तोप चलाने की स्थिति में नहीं थी, तो उन्होंने तीनों टैंकों के ऊपर एक-एक एमएमजी लगा दी। एमएमजी चला रहे सिख एलआई के एक जवान के सीने में एके-47 की बुलेट लगी और उसकी मृत्यु हो गई। अत: टैंक के ऊपर एक ज़ख्मी पैरा कमांडो ने एमएमजी संभाल ली। टैंक अब पहले से ही खराब स्थिति को और बदतर बना रहे थे। एक टैंक की बैरल ने बिजली के एक खंबे को गिरा दिया और फिर बिजली के केबल में उलझ गया। टैंक इस केबल और खंबे को कुछ सौ मीटर तक अपने साथ ही खींच कर ले गया और इससे निकलने में 20 कीमती मिनट बर्बाद हो गए जबकि इस दौरान एलटीटीई के लड़ाकों ने ज़ोरदार फायरिंग जारी रखी। जवान किस्मत वाले थे कि वे इसके बीच से भी अपना रास्ता बनाते हुए निकल गए।

सवेरे के सात बजे थे, जब वे उरेलू मंदिर क्रॉसिंग पर मिश्रा के पास पहुंचे। मिश्रा ने, जिन्होंने स्टाफ कॉलेज में श्योनन को पढ़ाया था, प्रसन्नचित मुद्रा में हेलो बोलते हुए उनका स्वागत किया। श्योनन का जवाब बहुत रूखा और साफ था: 'सर, हेलो को भूल जाओ, हमें यहां से तुरंत ही निकल लेना चाहिए या फिर हमें खुदाई शुरू कर देनी चाहिए। वे हमारा पीछा कर रहे हैं और वे बहुत जल्दी ही यहां होंगे।'

कुछ क्षण तो मिश्रा समझ नहीं सके कि श्योनन क्या कह रहे हैं। जवान और अधिकारी सभी खुले मैदान के एक टुकड़े में शांति से

समूह में बैठे थे और उन्हें किसी हमले की ज़रा भी अपेक्षा नहीं थी। परंतु मिश्रा ने तत्परता से आदेश दिए कि वे सभी पलाली लौटेंगे: 13 सिख एलआई इसकी अगुवाई करेगी, इसके पीछे 10 पैरा कमांडो होंगे और 4/5 गुरखा राइफल्स रेलवे लाइन के साथ ही एक अलग आधार पर चलेंगे।

सिख एलआई के जवान, पिछली रात से ही एलटीटीई के हमले की धार झेल रहे थे। वे खड़े हुए और वे जल्दी में दौड़ने लगे। पैरा कमांडो उनके पीछे चले और मिश्रा श्योनन के साथ हो लिए। परंतु मिश्रा का रेडियो ऑपरेटर 4/5 गुरखा राइफल्स के सीओ, ले. कर्नल आई.बी.एस. बावा से संपर्क स्थापित नहीं कर पा रहा था। अत: श्योनन ने बटालियन के सौ गज पीछे दौड़ कर जाने और संदेश पहुंचाने की पेशकश की।

श्योनन ने सुझाव दिया, 'मैं जाऊंगा और उनसे तेज़ी से चलने के लिए कहूंगा। यदि वे ऐसा नहीं करेंगे तो वे बेरहमी से मारे जाएंगे।'

मिश्रा ने जवाब दिया, 'नहीं नहीं, ऐसा मत कहो कि वे बेरहमी से मारे जाएंगे। उनसे सिर्फ़ इतना ही कहो कि कमांडर का आदेश है कि वे तेज़ी से चलें।'

4/5 गुरखा राइफल्स के ठिकाने पर पहुंचने पर श्योनन का सामना बटालियन के एडजुटेंट से हुआ, जो एक नौजवान कैप्टन था। श्योनन ने उसे ब्रिगेड कमांडर के आदेश दिए परंतु परेशान से इस युवा अधिकारी ने श्योनन को नज़रअंदाज़ करते हुए कहा: आप मुझे नहीं बतायें कि क्या करना है। मैं अपने आदेश अपने बुज़ुर्ग व्यक्ति [सीओ] से लेता हूं।' उसका सीओ मुश्किल से 50 गज की दूरी पर था। जब श्योनन उनके पास पहुंचे और मिश्रा के आदेश उन्हें दिए तो सीओ ने

सवाल किया, 'आप कौन है? आप जाइए। मैं अपनी बलाटियन को कमांड कर रहा हूं।'

श्योनन बहुत ही उग्र हो चुके थे परंतु उन्होंने सीओ की परेशानी को समझा। गुरखा बटालियन कूच करने की इच्छुक नहीं थी क्योंकि उन्हें एलटीटीई की ज़बर्दस्त फायरिंग ने बहुत आहत किया था। उन्हें या तो पहले ही चल देना चाहिए था या फिर रात होने तक लड़ने के लिए खुद को तैयार करना चाहिए था, जिसके बाद वे अंधेरे में निकल सकते थे। परंतु न तो इन जवानों को कारगर तरीके से फायरिंग के लिए तैनात किया गया था और न ही किसी प्रकार की आड़ लेकर फायर करने के लिए अपनी पोज़ीशन की खुदाई करने दी गई थी। यही नहीं, इनके अधिकारी भी अपने जवानों के साथ नहीं थे बल्कि वे रेलवे लाइन के निकट एक समूह में थे।

एके-47 की गोलियों की आवाज़ नज़दीक आ रही थी। श्योनन तेज़ी से मिश्रा के पास पहुंचे और उनसे कहा कि बटालियन के सीओ ने कूच करने से इन्कार कर दिया है। मिश्रा ने कंधे झटके और कहा, 'उन्हें राज़ी करने की कोशिश करने का कोई मतलब नहीं है – सीओ मारे जा चुके हैं।' बावा से बात करके श्योनन के मिश्रा तक दौड़ कर आने में लगे दो मिनटों के दौरान ही एलटीटीई ने बावा को गोली मार दी थी (असल में बावा बुरी तरह ज़ख्मी हुए थे और कुछ घंटे बाद उनकी मृत्यु हुई)।

4/5 गुरखा राइफल्स के सीओ को विशेषरूप से निशाना बनाया गया था क्योंकि एलटीटीई का यह एक तरीका था जिसे अभी तक आईपीकेएफ समझ नहीं सकी थी। एलटीटीई के घात लगाए निशानेबाज़

भारतीय सैनिकों के बीच से अधिकारियों की पहचान करते थे और यह देखते थे कि किसके कंधों पर सितारे लगे हुए और जिसके पीछे रेडियो ऑपरेटर चलता है और जिसकी टोपी तथा युद्ध की वर्दी भिन्न है और जो दूसरों से अलग नज़र आता है। इस तरह के संकेतों के आधार पर एलटीटीई के निशानेबाज़ों ने पहले कुछ दिन में अनावश्यक रूप से आईपीकेएफ के कई अधिकारियों को मार दिया था।

तीन टैंकों के साए में – एलटीटीई के लड़ाकों को यह नहीं मालूम था कि ये टैंक काम नहीं कर रहे हैं, इसलिए वे बहुत नज़दीक नहीं आए – मिश्रा, दलबीर सिंह, श्योनन और बाकी पैरा कमांडो तथा सिख एलआई के जवानों ने पलाली की ओर बढ़ना शुरू किया। जैसे वे आईपीकेएफ के एक छोटे प्रशासनिक ठिकाने पुल्लमपलई पहुंचे, हरकीरत सिंह ने पैरा कमांडो को वापस जाने और बुरी तरह ज़ख्मी 4/5 गुरखा राइफल्स के सीओ को निकालने का आदेश दिया। पैरा कमांडो महसूस कर रहे थे कि दो दिन के हालात से गुज़रने के बाद वे अब वापस जाने की स्थिति में नहीं थे, परंतु एक बार फिर वे एक दूसरे जोखिम भरे अभियान पर जाने के लिए तैयार हो गए। ऐसा लगता था कि उनकी परीक्षा कभी नहीं खत्म होने वाली थी।

दलबीर सिंह ने भदौरिया के नेतृत्व में 20 पैरा कमांडो का दल वापस उरेलू मंदिर क्रॉसिंग भेजने के लिए तैयार किया। परंतु एक बार फिर वे एलटीटीई की फायरिंग की चपेट में आए और उन्हें रुकना पड़ा और बचाव के लिए आड़ लेनी पड़ी। उस समय तक यह खबर आ गई थी कि बावा के अलावा, 4/5 गुरखा राइफल्स के दो अन्य अधिकारी, दो जेसीओ और 15 जवान मारे जा चुके थे और 42 अन्य

ज़ख्मी हो गए हैं। भदौरिया के लिए उन सभी को निकालना संभव नहीं था। उन्हें पुल्लमपलई पर निर्भर रहने का आदेश दिया गया था। दोपहर में करीब एक बजे, श्रीलंकाई सेना ने उरेलू मंदिर क्रासिंग इलाके में हेलीकॉप्टर गनशिप भेजा और एलटीटीई के लड़ाकों को उसने निशाना बनाया। इसके बाद ही टैंक आगे जाकर मृतकों और 4/5 गुरखा राइफल्स के ज़ख्मी फौजियों को फील्ड अस्पताल ला सके।

ये थके हुए सैनिक पलाली लौटने के लिए पुल्लमपलई से सेना के वाहनों पर सवार हुए। श्योनन एक टन का ट्रक चलाते हुए सबसे आगे चल रहे थे और दलबीर सिंह सह चालक की सीट पर बैठे थे। अभी वे एक किलोमीटर ही आगे बढ़े थे कि श्योनन ने सड़क पर तीन आदमियों को देखा। उन्होंने अपना वाहन रोक कर उन पर गोलियां चलाईं। तीनों आदमी वहां से भाग निकले। जब उनके सीओ ने पूछा कि उन्होंने ऐसा क्यों किया तो श्योनन ने कहा कि वे निश्चित ही कुछ खुराफात कर रहे थे।

यह काफिला उस स्थान से बगैर किसी हादसे के निकल गया परंतु तीन दिन बाद उसी स्थान पर आईपीकेएफ के एक टैंक को उड़ा दिया गया। एलटीटीई ने सड़क के नीचे ढेर सारा विस्फोटक दबा दिया था और जब श्योनन और दलबीर सिंह ने उन्हें देखा था तो वे तीनों आदमी इस विस्फोटक सामग्री में विस्फोट के लिए उसके आखिरी कनेक्शन को तारों से जोड़ने का प्रयास कर रहे थे।

13 अक्तूबर को अपराह्न करीब दो बजे पैरा कमांडो संघर्ष की मूल योजना के लिए अनुमानित समय के पूरे 30 घंटे बाद गरमा गरम भोजन के लिए पलाली पहुंचे थे।

~

इस विनाशकारी ऑपरेशन के बाद, मेजर जनरल ए.एस. कलकट ने पलाली की कमान संभाली। हरकीरत सिंह और मिश्रा को बाद में श्रीलंका से बाहर भेज दिया गया। कलकट ने जब प्रभार संभाला तो उन्होंने पैरा कमांडो को आदेश दिया कि वापस जाओ और जाफना विश्वविद्यालय के मैदान के सामने की उस इमारत को नष्ट करो जहां से हेलीकॉप्टरों पर हमला किया गया था। यह एक तरह से प्रतिशोध लेने और एलटीटीई को संदेश देने के लिए था।

लेकिन यह मेडिकल कॉलेज था और पैरा कमांडो ने यह कहते हुए इसका विरोध किया कि इससे कोई लाभ नहीं होगा। यही नहीं, तीन मंज़िला कंक्रीट के ढांचे को नष्ट करने के लिए बहुत अधिक विस्फोटक की ज़रूरत होगी। अत: उनसे कहा गया कि इसकी बजाय एलटीटीई मुख्यालय को नष्ट किया जाए जिसे श्योनन को 12 अक्तूबर को जाफना विश्वविद्यालय मैदान में उतरने के बाद नष्ट करना था।

अभी भी अक्तूबर का महीना चल रहा था और बारिश थमी नहीं थी। पैरा कमांडो उस इमारत को नष्ट करने के लिए विस्फोटक से भरे तीन टन के ट्रकों को लेकर पलाली से कोकुविल चले। श्योनन कहते हैं, 'मौसम बहुत ही खराब था। यह मूसलाधार बारिश हो रही थी, गरमी और उमस थी। हमारे ऊपर एलटीटीई के लड़ाके फायरिंग भी कर रहे थे और अपनी जान जोखिम में डालकर सिर्फ़ एक खाली इमारत को नष्ट करने के इस आदेश का कोई मायने नहीं था।

इस स्थिति से परेशान श्योनन ने पैरा कमांडो को कुछ कागज़ बांटने शुरू कर दिए और उनसे पूछा कि उनमें से कितने अभी भी पैरा कमांडो

बनना चाहेंगे। पैरा कमांडो यूनिट तो पूरी तरह स्वेच्छा से आने वाले फौजियों की होती है। परंतु उस दिन 90 फीसदी आदमियों ने लिखा 'नहीं।' दलबीर सिंह ने इसके लिए श्योनन को चेताया: 'तुम यह सब क्यों कर रहे हो?'

श्योनन ने जवाब दिया, 'सिर्फ़ कुछ मौज मस्ती के लिए। यदि हममें से कुछ को मरना भी होगा, तो होने दो। परंतु इस मूर्खतापूर्ण काम के लिए नहीं।' मुझे यह कहानी बताते हुए वह ज़ोर से हंसते हैं। उस शाम उन्होंने उस इमारत को ध्वस्त कर दिया।

इस बारे में जब वह बता रहे थे तभी श्योनन की पत्नी परमजीत कौर ने कमरे में प्रवेश किया। मैंने उनसे पूछा कि जब आपके पति श्रीलंका में तैनात थे तो उस समय की सबसे अधिक कौन-सी बात याद है।

वह याद करते हुए बताती हैं कि जब बटालियन श्रीलंका के लिए रवाना हो गई तो कई पैरा कमांडो की पत्नियां उनके घर आईं और सही मायने में राजपूत परंपरा के अनुरूप उन्होंने उनके बैठक कक्ष में अपनी चूड़ियां टांग दीं। यह उनका कहने का तरीका था कि वे अपने पतियों को जीवित लेकर आने के लिए श्योनन पर भरोसा करती हैं। श्योनन ने उसे बीच में ही टोकते हुए कहा कि यह उनकी ज़िंदगी में एकमात्र अवसर था जब उनकी पत्नी ने उन्हें एक खत लिखा था। जाफना विश्वविद्यालय में उतरने के बाद हुई तबाही के ठीक बाद उन्हें अपनी पत्नी का यह खत मिला जिसमें कहा गया था: 'हम सम्मान के साथ, आपके बिना जी सकते हैं। परंतु हम अपमान भरी ज़िंदगी, आपके साथ जी नहीं सकते। सिर्फ़ अपना कर्तव्य निभाइए।' श्योनन कहते हैं कि उनके द्वारा उठाया गया प्रत्येक कदम अपने कर्तव्य पालन के प्रति

दृढ़निश्चय और अपने कर्तव्य को सम्मान के साथ करने के लिए निर्देशित था और इसमें जाफना ऑपरेशन के दौरान डिवीज़न मुख्यालय के आदेशों की परवाह नहीं करना भी शामिल था। वह कहते हैं, 'यदि मैंने उनके आदेशों को अक्षरश: माना होता तो मैं और मेरे सारे आदमी मार दिए गए होते।'

वे कहते हैं कि उन्हें अपने खानदान की विरासत को भी बरकरार रखना था, उन्हें अपने चाचा भगत सिंह की विरासत को बरकरार रखना था। 23 साल की उम्र में ब्रिटिश हुकूमत द्वारा फांसी पर चढ़ाए गए भगत सिंह, श्योनन के पिता रणबीर सिंह के बड़े भाई थे।

~

मेजर श्योनन सिंह और 10 पैरा कमांडो के उनके आदमियों के लिए सर्वश्रेष्ठ प्रशंसा एलटीटीई से मिली। कैदियों की अदला-बदली के दौरान 18 नवंबर, 1988 को जब जाफना विश्वविद्यालय मैदान से एक मात्र जीवित बचा 13 सिख एलआई का सिपाही गोरा सिंह लौटा तो एलटीटीई के उप नेता महात्या ने आईपीकेएफ से कहा कि 'एलटीटीई के शिविर पर छापा मारने के लिए जो कमांडो कोकुविल पहुंचे थे, उन्होंने इस ऑपरेशन को बहुत ही जांबाज़ी के साथ अंजाम दिया और वे बहुत ही कठोर और बहादुर सैनिक थे।'

श्योनन ने भी अपने प्रतिद्वंद्वी की प्रशंसा की। उन्होंने आईपीकेएफ ऑपरेशंस के बारे में रिपोर्ट तैयार करने पलाली पहुंचे अध्ययन दल के समूह से कहा, 'आपको अभी भी विश्वास है कि लुंगी पहने हुए इन तमिलों को लड़ाई के बारे में कुछ नहीं पता है? इससे फर्क नहीं पड़ता कि वह क्या पहनते हैं, वे हमसे कहीं अधिक श्रेष्ठ जवान हैं।'

~

ले. कर्नल दलबीर सिंह, श्योनन और सिपाही गंगाराम को इस ऑपरेशन के लिए वीर चक्र प्रदान किया गया। मेजर राजीव नायर और कैप्टन वेनीयूर को वीरता के लिए सेना पदक से सम्मानित किया गया। जाफना विश्वविद्यालय ऑपरेशन की घटना की इंटर सर्विसेज़ कोर्ट ऑफ इन्क्वायरी के सामने मेजर श्योनन की गवाही की बदौलत बेदाग करार दिए गए भारतीय वायु सेना के चार हेलीकॉप्टर पायलटों को एक साल बाद वीर चक्र से सम्मानित किया गया जबकि चार सह पायलटों को वीरता के लिए वायु सेना पदक प्रदान किए गए।

जाफना विश्वविद्यालय मैदान में घेरकर मार दिए गए मेजर बीरेंद्र सिंह और उनकी सिख लाइट पैटल सेना के 28 जवानों के लिए भारतीय तिरंगे में लिपटे ताबूत भी नहीं थे और न ही सैन्य सम्मान के साथ उनका अंतिम संस्कार हुआ। उनके शव कभी नहीं मिले। एक अफवाह के अनुसार एलटीटीई ने उन सभी का सामूहिक रूप से अंतिम संस्कार कर दिया था, एक अन्य अफवाह के अनुसार उन सभी को एक बगैर निशान वाली कब्र में दफना दिया गया था।

आईपीकेएफ ने श्रीलंका में 1987 से 1990 के बीच, जब उस देश से सेना वापस आई थी, अपने 1155 आदमियों को खोया। आज पलाली हवाई अड्डे के निकट काले ग्रेनाइट पत्थर का एक स्मारक बना हुआ है, जो अक्तूबर 1987 में उस दुर्भाग्यपूर्ण ऑपरेशन में मारे गए आईपीकेएफ के जवानों के प्रति विनम्र श्रद्धांजलि पेश करता है।

हालांकि आईपीकेएफ में शामिल अनेक लोगों ने अपने संस्मरण लिखे हैं परंतु रक्षा मंत्रालय ने ऑपरेशन पवन के बारे में कोई अधिकृत

इतिहास अभी तक जारी नहीं किया है। जाफना में 12 से 13 अक्तूबर, 1987 के 37 घंटों के दौरान लड़ने और जान गंवाने वाले 70 जवानों को आमतौर पर भुला दिया गया है। वे उस विनाशकारी सैन्य विपदा का हिस्सा थे जिसे कोई भी याद नहीं करना चाहता है।

ऑपरेशन खुकरी

सियेरा लियोन में बंधकों को
छुड़ाने की कहानी

जब संयुक्त राष्ट्र शांतिरक्षक अभियान पर सियेरा लियोन गए दो सौ से ज़्यादा भारतीय सैनिकों को विद्रोहियों ने बंधक बना लिया, तो अंतरराष्ट्रीय समुदाय ने इसकी तरफ से आंखें मूंद लीं। नाइजीरियाइयों को शायद भारतीयों की दयनीय स्थिति से मज़ा आ रहा था, अमेरिकी और ब्रिटिश लोग नाजुक बंधक संकट को देखते हुए 'सब्र और संयम' की अपील कर रहे थे और संयुक्त राष्ट्र किसी मदद करने के लिहाज से बेहद कमज़ोर था। आखिरकार भारतीयों के पास इसके अलावा कोई चारा नहीं रह गया था कि वे मामले को अपने हाथ में ले लें और खतरनाक हद तक खून-खराबा पसंद करने वाले विद्रोहियों से अपने सैनिकों को छुड़ा लें। और इस तरह भारत से 10,000 किलोमीटर दूर, पश्चिमी अफ्रीका के भाप छोड़ते ट्रॉपिकल जंगल में ऑपरेशन खुकरी की शुरुआत हुई।

पश्चिम अफ्रीका के सियेरा लियोन के कैलाहुन क्षेत्र में 15 जुलाई 2000 को सुबह 6.15 बजे। देश के पूर्वी छोर पर स्थित इस उष्णकटिबंधीय जंगल से घिरे इस दूरदराज़ के पिछड़े इलाके में भारतीय सुरक्षा बल के छह कमांडो द्वारा एक सैन्य छावनी की दीवार तोड़ने के लिए विस्फोट करते ही हुआ ज़ोरदार धमाका तड़के की खामोशी को चीर देता है। इस विस्फोट से दीवार में बने रास्ते से अशोक लेलैंड के सैनिक ट्रकों और महिंद्रा जीपों का काफिला बाहर निकलता है। सफेद रंग की इन सैन्य गाड़ियों के दोनों ओर नीले रंग में 'यूएन' लिखा हुआ है। सेना के इस काफिले में शामिल भारतीय सेना की गोरखा बटालियन के दो सौ से अधिक जवान थे जो कैलाहुन स्थित इस सैन्य छावनी से बच निकलने का प्रयास कर रहे थे। रिवोल्यूशनरी यूनाइटेड फ्रन्ट (आरयूएफ) के विद्रोहियों ने, जिन्होंने करीब एक दशक से सियेरा लियोन में गृह युद्ध छेड़ रखा था, पचहत्तर दिन से इस छावनी की घेरेबंदी कर रखी थी। इससे पहले उस दिन सवेरे गोरखा जवानों को वहां से सकुशल निकालने के लिए भारतीय सेना के कमांडो ब्रिटिश चिनुक हेलीकॉप्टरों की मदद से वहां पहुंचे थे।

इन ट्रकों और जीपों के काफिले को गोरखा जवान ही चला रहे थे जो अपने खराब ड्राइविंग कौशल के लिए भारतीय सेना में बदनाम हैं। परंतु हताशा के क्षणों में हताशा भरे उपायों की ही ज़रूरत होती है। इन पैरा कमांडो के नेतृत्व में गाड़ियों का काफिला छावनी से बाहर निकलते ही, रातभर हुई मूसलाधार बारिश के कारण कीचड़ से सने दलदली रास्ते में फंस गया। ड्राइवरों ने एक्सिलरेटर पर दबाव बढ़ाकर चार गुणा चार गियर ड्राइव मोड में वाहनों को डाला, इसके बावजूद उन्हें इस

कीचड़ भरे रास्ते से गाड़ियों को निकालने के लिए संघर्ष करना पड़ा। ऐसी स्थिति में जवानों के पास इस दलदल वाले इलाके में वाहनों से नीचे उतर कर ट्रकों को धक्का लगाने के अलावा कोई अन्य विकल्प नहीं था। इस बीच, विद्रोहियों की मज़बूत हो रही स्थिति का शोर वे सुन सकते थे।

~

संयुक्त राष्ट्र शांति सेना अभियान के हिस्से के रूप में एक दर्जन से अधिक देशों के जवानों के साथ भारतीय सेना के जवान 1999 से सियेरा लियोन में तैनात थे। 1991 से ही गृह युद्ध से जूझ रहे सियेरा लियोन में शांति सेना की कमान भारतीय सेना के मेजर जनरल वीके जेटली को सौंपी गई थी। परंतु यहां पर तैनाती के कुछ समय बाद ही 223 गोरखा जवानों और विभिन्न राष्ट्रों के 11 सैन्य पर्यवेक्षकों को विद्रोहियों ने शांतिसेना की कैलाहुन छावनी में ही बंधक बना लिया था। इनकी रिहाई के राजनयिक स्तर पर बातचीत के प्रयास विफल होने के बाद मेजर जनरल जेटली ने सैन्य कार्रवाई का विकल्प चुना। जिन हेलीकॉप्टरों से बचाव अभियान के लिए पैरा कमांडो वहां उतरे थे उनका इस्तेमाल सैन्य पर्यवेक्षकों और कुछ बीमार गोरखा जवानों को बाहर निकालने के लिए किया गया जबकि शेष भारतीय जवानों को अपनी सैन्य छावनी में मौजूद ट्रकों और जीप से ही बाहर निकलने के लिए संघर्ष करना था।

सवेरे 7.50 बजे तक बचकर निकले काफिले का संपर्क कैलाहुन नगर में स्थित पैरा कमांडो के एक अन्य दल से हो गया था। उस दल का नेतृत्व मेजर अजय मुखर्जी कर रहे थे। अब सकुशल निकाला गया

यह दल दो पैरा कमांडो दलों के बीच में था। इस दल ने अब सुरक्षित स्थान पर वापस लौटने की अपनी यात्रा शुरू कर दी थी। मुखर्जी इस टुकड़ी के आखिर में चल रहे थे और काफिले के अतिसंवेदनशील बिंदुओं की रक्षा कर रहे थे।

परंतु वहां से निकलने की गति बहुत धीमी थी, क्योंकि काफिले में शामिल वाहन बार-बार दलदली ज़मीन में फंस जाते थे। विद्रोही, टोयोटा ट्रकों में जो दुनियाभर के विद्रोहियों का सबसे प्रिय वाहन लगता है, बच निकलने वाले गोरखा सैनिकों का पीछा कर रहे थे और शीघ्र ही वे इस टुकड़ी तक पहुंच गए और उन्होंने गोलीबारी शुरू कर दी। विद्रोहियों द्वारा कंधे पर रख कर दागे जाने वाले रॉकेट से दागा गया गोला एक पेड़ से टकराया जिसके टुकड़ों ने दो पैरा कमांडो को ज़ख्मी कर दिया था। मुखर्जी ने उसी दिन सवेरे रास्ते में बिछाए गए विस्फोटक और उन्नत किए गए विस्फोटक उपकरणों को दागने का आदेश अपने जवानों को दिया ताकि विद्रोहियों को पास पहुंचने से रोका जा सके। इसके साथ ही पैरा कमांडो दल ने मीडियम मशीन गन और रॉकेट लांचरों से विद्रोहियों पर ज़ोरदार गोलाबारी शुरू कर दी।

मुखर्जी, कार्ल गुस्ताव 84 एमएम के रॉकेट लांचर के हवा में मार करने से हुए नुकसान को लेकर विशेष रूप से प्रभावित थे। इस रॉकेट में पिन में चोट करने के बाद इनमें तुरंत विस्फोट होने की बजाए इनमें हवा में जाने के बाद लक्ष्य के ऊपर हवा में ही विस्फोट होता है। रास्ते के दोनों ओर घना जंगल होने और टोयोटा ट्रकों पर सवार विद्रोहियों की अंधाधुंध फायरिंग से उत्पन्न परिस्थितियों में कार्ल गुस्ताव रॉकेट लांचर बहुत उपयोगी साबित हुए थे। मुखर्जी ने इसे याद करते हुए

बताया, 'ट्रक के ऊपर हवा में होने वाले धमाकों में ये विद्रोही तूफान में टूटे सरकंडों की तरह अपने वाहनों से गिर रहे थे।' करीब 45 मिनट तक पैरा कमांडो ने विद्रोहियों के साथ संघर्ष किया और लगातार आगे बढ़ते रहे। वे भारतीय वायु सेना के एमआई-35 लड़ाकू हेलीकॉप्टरों के मदद के लिए पहुंचने की उम्मीद में लगातार आसमान की ओर भी देख रहे थे।

अकेले मुखर्जी के पास ही एक रेडियो सेट था जो भारतीय वायु सेना के हेलीकॉप्टरों से संपर्क कर सकता था। ब्रिटिश चिनूक्स से भारतीय हेलीकॉप्टरों में विलंब हुआ क्योंकि वे खराब मौसम में उड़ान नहीं भर सके। सवेरे करीब साढ़े नौ बजे मौसम में सुधार हुआ और भारतीय वायु सेना के पायलट ने मुखर्जी से पूछा, 'मुखो, तू कहां है, हम आ रहे हैं।' मुखर्जी ने चिड़चिड़े अंदाज़ में पलट कर पूछा, 'अभी तक कहां थे?' गोरखा जवानों को सुरक्षित पहुंचाने के लिए पैरा कमांडो तीन घंटे से सड़क पर थे जबकि विद्रोही उनका पीछा कर रहे थे और उन पर फायरिंग कर रहे थे।

~

अटलांटिक महासागर पर स्थित लाइबेरिया और गिनी जैसे पड़ोसी देशों के निकट सियेरा लियोन 1961 तक एक ब्रिटिश कॉलोनी था। यह पश्चिम अफ्रीकी देश अधिकतर घने उष्णकटिबंधीय घने जंगल से घिरा हुआ है।

आठ साल के गृह युद्ध के बाद जुलाई, 1999 में इस विवाद से जुड़े सभी पक्षों – लोकतांत्रिक तरीके से निर्वाचित सरकार, सियेरा लियोन की सेना और विद्रोही गुट आरयूएफ – ने लोम समझौते पर हस्ताक्षर

किए जिसके अंतर्गत वे राष्ट्रीय एकता सरकार के गठन पर सहमत हुए थे।

अक्तूबर, 1999 में संयुक्त राष्ट्र सुरक्षा परिषद ने लोम शांति समझौता लागू करने में सहयोग के लिए यूनाइटेड नेशंस मिशन इन सियेरा लियोन (यूएनएएमएसआईएल) के गठन के लिए अधिकृत किया। भारत यूएनएएमएसआईएल के लिए सैन्य सहयोग देने के लिए सहमत था।

नवंबर 1999 में मेजर जनरल वीके जेटली को यूएनएएमएसआईएल के सैन्य प्रमुख, जिसे आमतौर पर फोर्स कमांडर बुलाया जाता है, के रूप में भेजा गया। बाद में लेफ्टीनेंट जनरल के पद से सेवानिवृत्त हुए जेटली का भारतीय सेना में शानदार कार्यकाल रहा था और न्यूयॉर्क में संयुक्त राष्ट्र के मुख्यालय में साक्षात्कार की प्रक्रिया के बाद उनका चयन किया गया था। संयुक्त राष्ट्र की शांति सेना के किसी भी मिशन के लिए फोर्स कमांडर का चयन बहुत ही संवेदनशील होता है और आमतौर पर इसके लिए संयुक्त राष्ट्र सुरक्षा परिषद में राजनयिक स्तर पर वार्ता का ज़बर्दस्त दौर चलता है। इसके लिए तीन दावेदारों में जेटली एक थे – दो अन्य अफ्रीकी सैन्य अधिकारी थे, जिन्हें न्यूयॉर्क में साक्षात्कार के लिए बुलाया गया था। तीन सप्ताह बाद, जेतली को बताया गया कि इस ज़िम्मेदारी के लिए उनका चयन किया गया है।

जेटली ऐसे परिवार से थे जिनके यहां कई सैन्य अधिकारी हुए थे और खुद उन्होंने प्रतिष्ठित सियाचिन ब्रिगेड की कमान संभाली थी जिसने विवादित हिमक्षेत्र में भारत के हितों की रक्षा की थी। यह दुनिया की सबसे ऊंची रणभूमि है। जेटली ने हाल ही में पैदल सेना की डिवीज़न के मुखिया के रूप में अपना कार्यकाल पूरा किया था, जब

संयुक्त राष्ट्र द्वारा सियेरा लियोन में नया शांति मिशन शुरू करने के लिए उनका चयन किया गया था।

परंतु जेटली के नेतृत्व में यूएनएएमएसआईएल के पास बहुत ही पेचीदा ज़िम्मेदारी थी। यह शांति मिशन का अध्याय छह था – इसका मतलब यह था कि उसे बल के सहारे नहीं बल्कि बातचीत और मध्यस्थता के ज़रिए शांतिपूर्ण तरीके से विवाद को हल करना है। हालांकि, जेटली को इस मिशन के अध्याय सात के तहत कुछ तरीके अपनाने की छूट मिली थी। इसमें, यदि ज़रूरत हो, अधिक ताकत के साथ सैन्य हस्तक्षेप भी शामिल था।

भारतीय जवानों के अलावा, जेटली के पास इस मिशन में नाइजीरिया, घाना, गिनी, केन्या और फरवरी 2000 में मिशन के विस्तार के बाद जार्डन, बांग्लादेश और पहले से अधिक भारतीय जवानों की भी ज़िम्मेदारी संभालनी थी। संयुक्त राष्ट्र मिशन में जहां सैन्य प्रकोष्ठ की ज़िम्मेदारी जेटली के पास थी वहीं नागरिक पक्ष की बागडोर नाइजीरियाई राजनयिक ओलूयेमी अदेनिजी को सौंपी गई थी। अदेनिजी का आधिकारिक पद सियेरा लियोन में महासचिव के विशेष प्रतिनिधि का था और जेटली को नाममात्र को उन्हें रिपोर्ट करना था। अदेनिजी को, वास्तव में, संयुक्त राष्ट्र की कार्यशैली में, एक समझौते के रूप में यह ज़िम्मेदारी सौंपी गई थी क्योंकि नाइजीरियाई लोग, जेटली को सौंपी गई हैसियत से नाराज़ थे। नाइजीरियाई लोग, सियेरा लियोन को अपने प्रभाव वाला क्षेत्र मानते थे और वे इस ओहदे पर भारतीय सेना के एक कमांडर को देखकर नाखुश थे। उनकी नाराज़गी और जेटली के समर्थन में कमी, मिशन में अनेक समस्याएं पैदा करती।

इस मामले में इससे भी कोई मदद नहीं मिली थी कि उस समय संयुक्त राष्ट्र के महासचिव घाना के कोफी अन्नान थे, और पश्चिम अफ्रीका के अधिकांश राजनयिकों का उनसे सीधा संपर्क था। जेटली को अक्सर सीधे अन्नान का फोन आता था – एक सैन्य कमांडर के लिए यह बहुत ही अनपेक्षित था – महासचिव का फोन मिशन की बारीकियों के बारे में होता। बेशक यह पश्चिमी अफ्रीकियों द्वारा उन्हें अक्सर किए जाने वाले फोन कॉलों का नतीजा था।

सैन्य टुकड़ियों को कार्रवाई के लिए तैनात करना सैन्य कमांडर का विशेषाधिकार नहीं था। संयुक्त राष्ट्र सुरक्षा परिषद ही यह फैसला करती थी कि किस देश की टुकड़ी कहां जाएगी। इसके बावजूद, जेटली अफ्रीकी सैन्य टुकड़ियों की तैनाती के लिए सुरक्षा परिषद के आदेशों पर अमल करने के लिए भारतीय सैन्य टुकड़ी के सहयोग से और अपने समझाने-बुझाने के अपने सारे अधिकारों का इस्तेमाल करते थे। मसलन घानावासी फ्रीटाउन के सबसे अच्छे होटल में ठहरे थे, जो वास्तव में देश में चल रहा एकमात्र होटल था। उन्होंने तो जेटली के एकदम स्पष्ट लिखित आदेशों का भी उल्लंघन किया और अंततः जेटली को उनकी गतिविधियों की हेलीकॉप्टर से निगरानी करनी पड़ी जबकि भारतीय सैन्य टुकड़ी ने मध्य सियेरा लियोन में घाना की टुकड़ी की तैनाती के लिए परिवहन सहायता उपलब्ध कराई।

दूसरे देशों की सैन्य टुकड़ियों की स्थिति भी कोई बहुत अच्छी नहीं थी। वे विद्रोहियों का मुकाबला करने के इच्छुक नहीं थीं और ऐसे ही एक मामले में गिनी की सेना ने, जब वह मिशन में शामिल होने के लिए सियेरा लियोन में आने के लिए गिनी की सीमा पार कर रहे थे,

तो उसने सीमा पर विद्रोहियों को अपने टैंक और हथियार तक सौंप दिए थे। परंतु इसके बावजूद इस प्रतिष्ठित अंतरराष्ट्रीय दायित्व को सफल बनाने के लिए प्रतिबद्ध जेटली दूसरे देशों की सैन्य टुकड़ियों के साथ सौहार्दपूर्ण रिश्ते बनाए रखने का आभास देते रहे। हालांकि, दिल से उनका पूरा भरोसा इस मिशन में सिर्फ़ भारतीय सैन्य इकाई की पेशेवर दक्षता पर भी था।

~

अप्रैल 2000 तक यूएनएएमएसआईएल का हिस्सा बने विभिन्न देशों के जवानों को सियेरा लियोन में निर्धारित इलाकों में तैनात कर दिया था और आरयूएफ के विद्रोहियों के लिए पांच निरस्त्रीकरण, निष्क्रिय बनाने और पुन:एकीकरण (डीडीआर) शिविर भी स्थापित किए गए थे। डीडीआर प्रक्रिया के अंतर्गत संयुक्त राष्ट्र शांतिसैनिकों के समक्ष विद्रोही समर्पण करते, अपने हथियार सौंपते और उन्हें कौशल सिखाया जाता जिससे वे समाज का सदस्य बन कर उसमें घुलमिल सकें (जिसे एकीकरण का नाम दिया गया था)। छठा डीडीआर शिविर हीरों से संपन्न कोएडू के इलाके में स्थापित होना था। यह बहुत ही अविकसित इलाका था जहां कभी भी कोई सरकार अपनी पहुंच नहीं बना सकी थी। परंतु यह इलाका भी आरयूएफ का मज़बूत गढ़ था और इस पर से नियंत्रण गंवाने की आशंका में विद्रोही इस पहल को लेकर सशंकित थे। वे नहीं चाहते थे कि उनका पूरा काडर अपने हथियार डाले क्योंकि इससे भावी चुनावों और सरकार के गठन के लिए चल रही वार्ता में सौदेबाज़ी करने की उनकी ताकत बहुत कम हो जाती। लोम समझौते पर हस्ताक्षर करने और फिर भी हथियार डालने के प्रति अनिच्छुक

आरयूएफ भी कोई अपवाद नहीं था। संयुक्त राष्ट्र की निगरानी में शांति समझौते पर हस्ताक्षर करने वाले अधिकतर विद्रोही गुटों ने डीडीआर प्रक्रिया को पूरी तरह अंगीकृत करने से इन्कार कर दिया था।

लेकिन एक मई को उस समय टकराव की स्थिति उत्पन्न हो गई जब आरयूएफ ने माकेनी स्थित डीडीआर शिविर में हथियार डालने वाले अपने दस विद्रोहियों को लौटाने की मांग कर डाली। इस शिविर की ज़िम्मेदारी केन्या के सैनिकों के पास थी और उन्होंने इन विद्रोहियों को लौटाने से इन्कार कर दिया। इस तरह से इन्कार किए जाने से क्रोधित आरयूएफ विद्रोहियों ने शिविर और इसके साथ ही मकेनी और मगबुराका में केन्या की सेना के ठिकानों पर हमला बोल दिया। इसमें बड़ी संख्या में केन्याई सैनिक हताहत हुए। विद्रोहियों ने संयुक्त राष्ट्र शांतिसेना के 500 केन्याई सैनिकों और करीब एक दर्जन सैन्य पर्यवेक्षकों को बंधक बना लिया। संयुक्त राष्ट्र के सैन्य पर्यवेक्षक, तकनीकी रूप से संयुक्त राष्ट्र के शांतिसैनिक, विभिन्न देशों के निहत्थे सैन्य अधिकारी होते हैं जिनका काम किसी भी तरह की युद्ध की स्थिति में हिस्सा लिए बगैर ही स्थिति को देखना और उसकी रिपोर्ट करना होता है।

जेटली के लिए संदेश स्पष्ट था। आरयूएफ को साफतौर पर लोम शांति समझौते की परवाह नहीं जिस पर उसने कुछ महीने पहले ही हस्ताक्षर किए थे।

एक अच्छे सैनिक की तरह जेटली का भी पहला भाव था कि माकेनी और मगबुराका में गतिरोध दूर करने के लिए सैन्य कार्रवाई शुरू की जाए। परंतु जेटली अपने पास उपलब्ध सैन्य बल का इस्तेमाल

करके सीमित विकल्पों की संभावना तलाशने के दौरान विभिन्न अंतरराष्ट्रीय संवेदनशीलताओं से बंधे हुए थे। अंतत: उन्होंने विद्रोहियों के खिलाफ तीनतरफा आक्रमण की योजना तैयार की। केन्याई सैनिकों की एक कंपनी को माकेनी के बाहर आरयूएफ पर धावा बोलना था जबकि बख्तरबंद गाड़ियों में भारतीय सेना की त्वरित प्रतिक्रिया कंपनी को मगबुरका के आसपास तैनात विद्रोहियों पर हमले के लिए भेजा गया। इस दोतरफा हमले का उद्देश्य केन्याई सैन्य ठिकानों की घेरेबंदी किए हुए विद्रोहियों को पीछे हटने के लिए मजबूर करना था। इन हमलों का इस्तेमाल करके मिशन में शामिल की गई जांबियाई बटालियन को आरयूएफ पर पुरज़ोर हमला करना था। दुर्भाग्यवश, जहां भारतीय और केन्याई सैन्य कंपनियों ने मकेनी और मगबुरका में केन्या के पुराने ठिकानों पर संघर्ष करके अपना रास्ता बना लिया था, परंतु जांबिया की कार्रवाई बुरी तरह गड़बड़ हो गई। जांबिया की बटालियन के आधे दल को झांसा देकर विद्रोहियों ने बंधक बना लिया। केन्या के शांतिसैनिकों को छुड़ाने का संयुक्त राष्ट्र का सैन्य अभियान बुरी तरह विफल हो गया।

~

इससे आरयूएफ का हौसला बुलंद हुआ और इसके विद्रोहियों ने फ्रीटाउन से 400 किलोमीटर कैलाहुन में भारतीय शांतिसैनिकों और विभिन्न देशों के 11 सैन्य पर्यवेक्षकों को भी घेर लिया था। उन्होंने कैलाहुन छावनी को सेना के महत्व की वजह से निशाना नहीं बनाया था बल्कि उस इलाके में संयुक्त राष्ट्र शांतिसेना की नागरिक कार्रवाई की वजह से लोगों पर विद्रोहियों की पकड़ कमज़ोर होने की वजह से

ऐसा किया था। आरयूएफ इस क्षेत्र में अपनी पहले जैसे स्थिति फिर से बनाने के लिए व्याकुल था।

देश के पूर्वी हिस्से में स्थित कैलाहुन वह स्थान था जहां करीब एक दशक से सरकार नाम की कोई चीज़ ही नहीं थी। इस क्षेत्र का सियेरा लियोन से सड़क संपर्क भी नहीं था। भारतीय सेना की गोरखा राइफल्स को 2000 के मध्य अप्रैल में दारू में आरयूएफ के कब्ज़े वाले इलाके के भीतरी हिस्से में तैनात किया गया था। दारू और कैलाहुन में गोरखा बटालियन के मुख्यालय बनाए गए थे।

जेटली जब पहली बार मार्च 2000 में वहां गए तो कैलाहुन में शासन नाम की कोई चीज़ ही नहीं थी। वहां बड़े पैमाने पर बीमारियां फैली हुई थीं। खाद्यान्न का संकट था। सार्वजनिक स्वास्थ्य अथवा शिक्षा की कोई सुविधा नहीं थी और चारों तरफ गरीबी थी। जेटली ने गोरखा बटालियन की मदद से बुनियादी सार्वजनिक सुविधाओं की व्यवस्था करके स्थानीय लोगों का विश्वास जीतने का निश्चय किया। उन्होंने भारतीय सैन्य इंजीनियरों द्वारा तत्परता से एक सैन्य पुल तैयार कराया। इस काम में महज चार दिन लगे। संयुक्त राष्ट्र चिकित्सा शिविर स्थापित किया और स्वच्छ पेय जल, खाना और दवाओं के वितरण की व्यवस्था की। यही नहीं, तत्काल चिकित्सा सुविधा के ज़रूरतमंद लोगों को उपचार के लिए संयुक्त राष्ट्र के हेलीकॉप्टरों से फ्रीटाउन भेजा। स्थानीय लोगों ने इसके लिए संयुक्त राष्ट्र की सराहना की।

कैलाहुन में आरयूएफ के पैदल सैनिक भी अपनी कार्रवाई के लिए शर्मिंदा थे और उन्होंने इसके लिए अपने नेतृत्व को ही ज़िम्मेदार

ठहराया। विद्रोहियों ने शांतिसेना की भारतीय टुकड़ी पर हमला नहीं करने निर्णय किया और उसके साथ दोस्ताना व्यवहार करने लगे, यही नहीं एक आदर संहिता के आधार पर विद्रोहियों ने दारू में बटालियन मुख्यालयों से रसद और दवाओं के काफिलों को कैलाहुन छावनी में घेरेबंदी में फंसे गोरखा जवानों तक जाने की अनुमति तक दे दी।

लेकिन अचानक ही अप्रत्याशित रूप से तनाव उस समय बढ़ गया जब कैलाहुन छावनी में बंधकों की रिहाई के लिए विद्रोहियों के संपर्कों के साथ बातचीत के लिए दारू स्थित गोरखा बटालियन ने 22 जवानों के गश्ती दल को अपने सेकंड इन कमान के नेतृत्व में भेज दिया। कैलाहुन से करीब 52 किलोमीटर पहले कुइवा में इस गश्ती दल को रोक लिया गया और नशे में मदमस्त करीब दो सौ विद्रोहियों ने उन्हें घेर लिया। आरयूएफ विद्रोहियों में अनेक लड़के किशोरवय थे और वे नशीली दवाओं और शराब के सेवन की वजह से अक्सर उत्तेजित हो जाने के लिए बदनाम थे और ऐसी स्थिति में राइफल दागने के मामले में बहुत ही खतरनाक हो सकते थे। इस बटालियन ने पहले भी कई मौकों पर इसी तरह की परिस्थितियों का सामना किया था, सेकेंड इन कमान ने विद्रोहियों को शांत करने का प्रयास किया और फिर आरयूएफ के कमांडर से बातचीत शुरू की। इस कमांडर ने गश्ती दल से कहा कि वह किसी भी परिस्थिति में आगे नहीं बढ़े क्योंकि स्थिति बहुत ही विस्फोटक है और यह हाथ से बाहर निकल सकती है। मकेनी में आरयूएफ के नेतृत्व ने अपने काडर से कहा था कि संयुक्त राष्ट्र ने उन पर हमला किया था जिस वजह से गश्ती दल को रोका गया है। हालांकि गश्ती दल से किसी प्रकार का दुर्व्यवहार नहीं किया गया था

और भारतीय सैनिकों को अपने लिए भोजन की व्यवस्था करने की भी अनुमति दी गई थी, लेकिन वास्तव में उन्हें पकड़ लिया गया था।

जेटली के सामने अब बहुत ही गंभीर स्थित थी। दो मई, 2003 तक 223 भारतीय सैनिक और संयुक्त राष्ट्र के 11 सैन्य पर्यवेक्षक कैलाहुन में घेरेबंदी में थे जबकि 23 भारतीय सैनिकों को कुइवा में बंधक बना लिया गया था। यह मकेनी और मगबुराका में आरयूएफ विद्रोहियों के चंगुल में फंसे 500 केन्याई शांति सैनिकों को रिहा करने के प्रयास में विफल हुए हमले के अलावा था।

~

इसी बीच, केन्याई शांति सैनिकों को आरयूएफ की गिरफ्त से रिहा कराने के प्रयास में संयुक्त राष्ट्र ने लाइबेरिया के राष्ट्रपति चार्ल्स टेलर के माध्यम से विद्रोहियों के साथ लंबी राजनयिक स्तर की वार्ता शुरू की। टेलर का विद्रोहियों पर खासा प्रभाव था और हकीकत में वही आरयूएफ के नेता थे। बाद में उन पर सियेरा लियोन की स्थिति के लिए हेग में संयुक्त राष्ट्र समर्थित विशेष अदालत में मुकदमा भी चलाया गया और आरयूएफ का समर्थन करने और हीरों की खदानों ('ब्लड डायमंड') के बदले उन्हें हथियार देने के जुर्म में उन्हें दोषी भी ठहराया गया। टेलर को युद्ध अपराधों और मानवता के खिलाफ अपराधों के लिए सहयोग करने और उकसाने तथा बलात्कार, यौन दासता, हत्या, सार्वजनिक रूप से सिर कलम करने और अंतड़ियां बाहर निकालने और जबरन अंग भंग करने के अपराध का दोषी पाया गया। परंतु गृह युद्ध के दौरान टेलर विद्रोहियों से संपर्क साधने के लिए अंतरराष्ट्रीय समुदाय के लिए बहुत ही महत्वपूर्ण थे। वह केन्याई बंधकों को रिहा

कराने में कामयाब रहे थे परंतु कैलाहुन और कुइवा में बंधक बनाए गए शांति सेना के भारतीय सैनिकों के मामले में कोई प्रगति नहीं हुई थी। कुछ भारतीयों को ऐसा लगा कि उस समय नाइजीरियाई नीच हरकत कर रहे थे जिसका नतीजा यह था कि टेलर भारतीय शांति सैनिकों को रिहा कराने में इच्छुक नहीं थे। दूसरों का मानना था कि विद्रोहियों के संगठन एकसार नहीं थे और स्वतंत्र स्थानीय विद्रोही नेताओं पर टेलर के प्रभाव की सीमाओं की वजह से वो कुछ अधिक करने में असमर्थ थे।

केन्याई बंधकों की रिहाई से उत्साहित भारत सरकार ने भी टेलर के साथ राजनयिक स्तर पर द्विपक्षीय वार्ता शुरू की। घाना में उस समय तैनात भारत के उच्चायुक्त एके बनर्जी ने टेलर से वार्ता के लिए लाइबेरिया की राजधानी मोनरोविया की यात्रा करने लगे थे। हालांकि ऐसा लगता था कि टेलर मदद के इच्छुक थे परंतु वे भारतीय सैनिकों की रिहाई की गारंटी नहीं दे रहे थे। बनर्जी को लगा कि शायद आरयूएफ के स्थानीय कमांडरों पर टेलर का बहुत अधिक प्रभाव नहीं था परंतु लाइबेरिया के राष्ट्रपति ने अपनी असमर्थता भारतीयों पर ज़ाहिर नहीं होने दी। बनर्जी की लाइबेरिया की छठी यात्रा के दौरान टेलर के प्रतिनिधिमंडल ने भारत से सहायता का एक सामान्य और अपेक्षित अनुरोध किया, जिसे बनर्जी ने तत्परता से मंज़ूरी दिला दी।

जब वह इस बैठक से निकल रहे थे, टेलर एकांत में बनर्जी से बातचीत के लिए अकेले ही बाहर आए। राष्ट्रपति ने जो आगे कहा उससे भारतीय राजनयिक अचंभित रह गए। टेलर ने कहा, 'मैंने अपनी ज़िंदगी में बहुत हिंसा देखी है और मैं नहीं चाहता कि मेरे बच्चे इसका

हिस्सा हों। एक व्यक्तिगत अहसान चाहता हूं, क्या आप मेरी दोनों बेटियों को भारत में कॉलेज में प्रवेश दिला सकते हैं?' बनर्जी इससे थोड़ा चौंके परंतु वह टेलर की मदद करने के इच्छुक थे जो इसके बदले में भारतीय बंधकों को रिहाई का मार्ग प्रशस्त कर सकता था। उन्होंने दिल्ली में विदेश मंत्रालय में थोड़ी टोह ली। टेलर की बेटियों को दिल्ली के लेडी श्रीराम कॉलेज में स्नातक पाठ्यक्रम में दाखिला मिल गया था।

इसके बावजूद, लाइबेरिया का यह खतरनाक नेता आंशिक रूप से ही भारतीयों की मदद के लिए आगे आया। टेलर के हस्तक्षेप की वजह से कुइवा में बंधक 23 भारतीय सैनिकों को रिहा कराया जा सका था और उन्हें 29 जून, 2000 को वायु मार्ग से फ्रीटाउन ले जाया गया। परंतु कैलाहुन में जारी गतिरोध दूर करने में कोई सफलता नहीं मिली थी। आरयूएफ विद्रोही संयुक्त राष्ट्र से अधिकतम रियायत के लिए सौदेबाज़ी करने के इरादे से अड़े हुए थे। कोई समाधान नज़र नहीं आ रहा था और जेटली अपने जवानों, विशेषकर भारतीय सैनिकों के हौसले पर पड़ने वाले असर को लेकर चिंतित थे, जिन्हें इतने लंबे समय तक विद्रोहियों ने घेर रखा था। हालांकि गोरखा जवानों ने कैलाहुन छावनी में अपनी दैनिक सैन्य दिनचर्या जारी रखी, परंतु आरयूएफ विद्रोहियों द्वारा उनके शिविर में आज़ादी से घूमने और तार की बाड़ लगाने की घटना उनकी भावनाओं को बहुत आहत कर रही थी। ये विद्रोही शिविर में ब्रिटिश सैन्य पर्यवेक्षक के साथ बुरा सलूक भी कर रहे थे। उसका सिर शौचालय में झुका कर उसने मारपीट करते थे। उसे ब्रिटेन के खिलाफ नाराज़गी की कीमत चुकानी पड़ रही थी,

जो पहले सियेरा लियोन का औपनिवेशिक शासक रहा था।

जुलाई, 2000 के आरंभ में आरयूएफ के विद्रोहियों ने अचानक ही कैलाहुन छावनी में सड़क और वायु मार्ग से होने वाली भोजन की आपूर्ति रोक दी। उन्होंने बीमारों को वायु मार्ग से बाहर निकालने पर भी रोक लगा दी और देश के मध्य लुंगी से फ्रीटाउन के बीच मुख्य सड़क पर अवरोध लगा दिए। समय तेज़ी से निकल रहा था, जेटली भारतीय सेना की प्रतिष्ठा खोने को लेकर बहुत चिंतित थे। संयुक्त राष्ट्र के माध्यमों से राजनयिक स्तर पर अभी भी ज़ोर-शोर से बातचीत का सिलसिला जारी था परंतु यह किसी भी ठोस दिशा में नहीं बढ़ रही थी। वास्तव में, ऐसा लगता था कि भारतीयों को हो रही तकलीफों से नाइजीरियाई खुश थे।

इस सबके बीच, सियेरा लियोन की धरती पर मौजूद ब्रिटिश सेना और उसके हेलीकॉप्टर न तो यूएनएएमएसआईएल का हिस्सा बने और न ही वे विद्रोहियों के खिलाफ संयुक्त राष्ट्र की किसी कार्रवाई में शामिल हुए। शांति बनाए रखने के लिए चलाए जाने वाले संयुक्त राष्ट्र के अधिकतर अभियानों की खासियत थी कि इसका फैसला संयुक्त राष्ट्र सुरक्षा परिषद के सिर्फ़ पांच स्थायी सदस्य ही करते थे। अधिकांश मामलों में ये मिशन उन देशों में होता है जहां इनमें से एक न एक स्थायी सदस्य औपनिवेशिक शासक रहा था और जो इस तरह के टकराव में दिलचस्पी रखने वाला एक पक्ष था। इस तरह के हिंसाग्रस्त देश में रुचि रखने वाला स्थायी सदस्य अक्सर अपनी सेना उस देश में तैनात करता था – उदाहरण के लिए फ्रांस ने कोत द्वायर (आइवरी कोस्ट) परंतु वह कभी भी संयुक्त राष्ट्र शांति बहाली मिशन का हिस्सा

नहीं बनता है। यह संयुक्त राष्ट्र के फोर्स कमांडर का काम और अधिक मुश्किल बनाता है, जेटली ने ऐसा ही सियेरा लियोन में पाया।

मई 2000 में, कुइवा में भारतीय सैनिकों की रिहाई से पहले, संयुक्त राष्ट्र सुरक्षा परिषद यूएनएएमएसआई में 260 सैन्य पर्यवेक्षकों सहित सैनिकों की संख्या बढ़ाकर 13000 करने पर सहमत हो गई। इसके बाद, जार्डन की दो पैदल बटालियन और बांग्लादेश की एक बटालियन सियेरा लियोन पहुंची। भारत ने भी एक मेकेनाइज्ड कंपनी, एक इंजीनियर कंपनी और युद्धक हेलीकॉप्टरों के साथ एक और बटालियन तथा 18 ग्रेनेडियर भेजे। उस समय तक साउथ ब्लॉक बहुत ही गंभीरता से भारतीय सैनिकों को छुड़ाने के लिए सैन्य समाधान पर विचार कर रहा था और भारतीय दल की बनावट से यह ज़ाहिर हो रहा था। साउथ ब्लॉक कुछ विशिष्ट कमांडो भी सियेरा लियोन भेजने वाला था।

~

टागरा से 2 पैरा स्पेशल फोर्सज के पांच सैन्य अधिकारियों सहित 135 पैरा कमांडो भी सियेरा लियोन जाने वाले भारतीय दल का हिस्सा बनाए गए। सैन्य मुख्यालय से 2 पैरा स्पेशल फोर्सेज की बटालियन के अधिकारियों के लिए 10 मई, 2000 को देर शाम दिया गया संदेश गूढ़ था: 'आप समुद्र के रास्ते एक दूसरे देश गें विशेष मिशन पर जा रहे हैं, जो घने जंगलों वाला और मच्छरों से भरा हुआ है।'

इन अधिकारियों में मेजर अजय मुखर्जी थे, जो अब कश्मीर में कर्नल के रूप में पदस्थापित हैं। दूसरे अन्य लोगों की तरह ही मुखर्जी ने भी यही सोचा कि उनका गंतव्य श्रीलंका है। सभी बक्सों पर 'समुद्र, जंगल और मच्छर' लिखा था और श्रीलंका की सेना ने हाल ही में

तमिल टाइगर्स के खिलाफ ज़बर्दस्त अभियान छेड़ा था।

जल्द ही उनका अनुमान गलत निकला जब उन्हें पता चला कि उनकी मंज़िल पश्चिम अफ्रीका का एक देश सियेरा लियोन है जिसका किसी को भी दूर-दूर तक अनुमान नहीं था। इन सभी को जल्द से जल्द दिल्ली पहुंचने का आदेश मिला था, जहां से उन्हें विमान से सियेरा लियोन भेजा जाएगा। इस दल को इसके अलावा कोई जानकारी नहीं थी कि भारतीय सेना का एक दल संयुक्त राष्ट्र के शाति सेना के मिशन के हिस्से के रूप में पश्चिम अफ्रीकी देश भेजा गया है और वह विद्रोहियों के साथ किसी तरह की समस्या में फंस गया है।

दिल्ली में सैन्य मुख्यालय ने उन्हें उनके कार्यभार के बारे में जानकारी दी और बेहद तत्परता से उनकी विदेश यात्रा की औपचारिकताएं पूरी की गईं। परंतु 135 पैरा कमांडो के पासपोर्ट और वीज़ा उन्हें व्यापारिक उड़ान से फ्रीटाउन ले जाने वाले विमान के समय तक तैयार नहीं हो सके थे। जब वे इजिप्ट एयरलाइंस के विमान पर सवार हुए, प्रत्येक पैरा कमांडो को विदेश मंत्रालय की मुहर लगी एक स्लिप दी गई ताकि सियेरा लियोन में आव्रजन अधिकारी उन्हें देश में प्रवेश की अनुमति दे दें। चूंकि ये पैरा कमांडो एक व्यापारिक उड़ान से सफर कर रहे थे, इसलिए वे अपने निजी हथियार ही साथ ले जा सकते थे। सारा भारी हथियार बाद में चार्टर्ड विमानों से आना था। लेकिन यहां पैरा कमांडो के बीच कुछ अंदरूनी समस्या थी। टीम कमांडर मेजर हरिंदर सूद दूसरे अधिकारियों को स्वीकार्य नहीं थे क्योंकि वह पूर्ण कमांडो बनने के लिए ज़रूरी छह सप्ताह की पूरी परिवीक्षा अवधि से नहीं गुज़रे थे, जिस दौरान उन्हें प्रत्येक स्वयंसेवक के लिए ज़रूरी शारीरिक और

मानसिक सीमाओं के परीक्षण से गुज़रना होता है। सिर्फ़ इसी के बाद वे अपने सीने की बाईं जेब पर बलिदान बैज लगाने का सम्मान पा सकते थे। यही नहीं, सारे पैरा कमांडो अलग अलग दलों के थे और उन्हें जल्दबाज़ी में एकसाथ किया गया था। उन्होंने इससे पहले एक समूह के रूप में कोई अभियान नहीं किया था और न ही उन्हें इसके लिए प्रशिक्षित किया गया था।

ये पैरा कमांडो 17 मई को फ्रीटाउन पहुंचे और हेस्टिंग्स हवाई अड्डे पर उनका ठिकाना बना। यह अप्रयुक्त और खस्ताहाल स्थान था। अगले दिन उन्हें फोर्स कमांडर जेटली ने तीन काम सौंपे। पहला काम कुइवा में आरयूएफ विद्रोहियों द्वारा बंधक बनाए गए 23 भारतीय सैनिकों को छुड़ाना (जैसा कि पहले ज़िक्र किया गया है, इन सैनिकों को चार्ल्स टेलर के साथ हुई बातचीत के बाद जून में रिहा जाने वाला था)। दूसरा काम था, कैलाहुन से 223 भारतीय सैनिकों और 11 संयुक्त राष्ट्र सैन्य पर्यवेक्षकों को निकालना और अंतिम काम भारतीय वायु सेना के एमआई-8 हेलीकाप्टर को बरामद करना जिसे तकनीकी खराबी के कारण मेकेनी के निकट विद्रोहियों के इलाके में करीब 150 किलोमीटर भीतर उतरना पड़ा था।

हालांकि इन पैरा कमांडो को भारत से अत्यधिक तत्परता से भेजा गया था परंतु उन्हें तत्काल ही किसी मिशन पर तैनात नहीं किया गया। सियेरा लियोन की स्थिति बहुत ही पेचीदगी भरी थी – इसमें कई देश शामिल थे और इसके अलावा संयुक्त राष्ट्र के राजनयिक भी दूसरे कई चैनलों के माध्यम से बातचीत कर रहे थे और उम्मीद थी कि सैन्य कार्रवाई शुरू किए बगैर ही इन सैनिकों की रिहाई हो जाएगी।

हेस्टिंग्स हवाई अड्डे पर 2 पैरा स्पेशल फोर्सेज़ बटालियन ने अपने लक्ष्य हासिल करने के लिए विभिन्न योजनाओं पर प्रशिक्षण शुरू कर दिया था। यहां पैरा कमांडो ने ब्रिटिश विशेष वायु सेवा (एसएएस) के साथ काम करना शुरू किया था। उन्हें ब्रिटिश कमांडो के पास उपलब्ध आधुनिक सामान, हथियार और उपकरण देखकर ईष्या हो रही थी। भारतीय कमांडो दल ने अपने प्रवास के दौरान एसएएस के दल के सदस्यों के साथ जो अच्छे रिश्ते बनाए वह मुखर्जी और उनके साथियों के लिए काफी मददगार थे।

~

कुइवा में बंधक बनाए गए 23 सैनिकों को छुड़ाने के लिए हेलीकॉप्टर से कार्रवाई करने की दुस्साहसिक योजना को अंतिम क्षणों में रद्द किया गया क्यों टेलर के साथ वार्ता अंततः आगे बढ़ रही थी और इसके नतीजे सामने आ रहे थे। इस तरह मेकेनी के निकट तकनीकी खराबी के कारण उतारे गए हेलीकॉप्टर को निकालने के अभियान को भी टालना पड़ा क्योंकि इसका बहुत ही जोखिम भरे काम के रूप में आकलन किया गया था। अतः अब कैलाहुन से भारतीय सैनिकों और सैन्य पर्यवेक्षकों को छुड़ाने का अभियान ही बचा था। दो महीने से अधिक समय बीत गया था और इसमें बहुत अधिक प्रगति नहीं हुई थी। मिलिट्री ऑपरेशन के महानिदेशक लेफ्टिनेंट जनरल एनसी विज और उनके बाद दूसरे वरिष्ठ अधिकारी मेजर जनरल जेजे सिंह -दोनों ही बाद में सेनाध्यक्ष बने — ने वस्तुस्थिति की जानकारी प्राप्त करने के लिए सियेरा लियोन की यात्रा की। करगिल में सैन्य विजय के बाद जब यह सब हो रहा था तो भारत में कैलाहुन की घटना के बारे में

मीडिया में बहुत कम खबरें आ रही थीं। अंतरराष्ट्रीय मीडिया एजेंसियों की खबरें भी बहुत स्पष्ट नहीं थीं। इस वजह से भारत में इसे लेकर को कोई आक्रोश या उत्तेजना का माहौल नहीं था। यह ऐसी स्थिति, जिसकी आज के समय में कल्पना भी नहीं की जा सकती।

जेटली, इस बीच, कैलाहुन से बंधकों को निकालने के लिए एक सैन्य योजना तैयार कर रहे थे। इसके लिए मोटे तौर पर पूरे दिन की एक योजना तैयार की गई। इसे गुप्त नाम ऑपरेशन खुकरी दिया गया। खुकरी एक हल्का सा घुमावदार पारंपरिक गंडासा होता है जिसे गोरखा अपने साथ रखते हैं।

परंतु जेटली की इस योजना को भी आगे ले जाने के लिए अभी कुछ और औपचारिकताओं की ज़रूरत थी। इनमें से एक नई दिल्ली से हरी झंडी मिलना था। भारत सरकार के राजनयिक प्रयासों को लंदन, न्यूयॉर्क या वाशिंगटन डीसी से पर्याप्त सहयोग नहीं मिल रहा था। विज ने इन तीन शहरों का दौरा भी किया था परंतु उन्हें मदद का कोई आश्वासन नहीं मिला। अमेरिकी और ब्रिटिश सरकार के रवैए से उनके मन में अभी भी नाराज़गी और कडुवाहट है। उन्होंने कहा, 'यदि बंधक बनाए गए सैनिकों में सिर्फ़ उनके सैनिक होते तो स्थिति भिन्न होती। हमें इतना अधिक भाषण नहीं सुनाया गया होता।' अमेरिका और ब्रिटिश ने भारतीय सैनिकों की हालत पर सिर्फ़ दिखावटी चिंता व्यक्त की और अधिक विवेक तथा संयम बरतने की वकालत की और विज से कहा कि धैर्य रखें। वे सैन्य कार्रवाई करने के भारत के किसी भी फैसले का हिस्सा बनने के इच्छुक नहीं थे। यह यात्रा खत्म होने तक उन्हें स्पष्ट हो गया था कि 'कोई भी हमारी मदद नहीं

करने जा रहा हमें खुद ही यह सब करना होगा।'

अपनी यात्रा से लौटते ही विज ने सेनाध्यक्ष जनरल वीपी मलिक को सारी जानकारी दी। जनरल मलिक ने विज से कहा कि वह सीधे रक्षा मंत्री जार्ज फर्नांडीज़ के पास जाकर उन्हें स्थिति की विस्तृत जानकारी दें। विज साउथ ब्लॉक में फर्नांडीज़ कार्यालय गए और उन्हें बताया कि चूंकि सारे विकल्प खत्म हो चुके हैं, सियेरा लियोन में करीब दो महीने से बंधक बने भारतीय सैनिकों और संयुक्त राष्ट्र के सैन्य पर्यवेक्षकों को छुड़ाने के लिए अब सिर्फ़ सैन्य कार्रवाई ही अकेला उपयुक्त रास्ता बचा है।

फर्नांडीज़ इस तरह की कार्रवाई करने पर हताहत होने वाले भारतीय सैनिकों की संभावित संख्या को लेकर चिंतित थे। विज ने उन्हें भरोसा दिलाया कि यह कम से कम होगा परंतु कोई भी यह गारंटी नहीं दे सकता था कि इस कार्रवाई में कोई हताहत नहीं होगा। आधे घंटे के भीतर ही फर्नांडीज़ को इसके लिए तैयार कर लिया गया, परंतु उन्होंने विज से थोड़ा इंतज़ार करने के लिए कहा क्योंकि वह विदेश मंत्री जसवंत सिंह को भी इसकी जानकारी देना चाहते थे।

पूर्व सैन्य अधिकारी जसवंत सिंह ने सियेरा लियोन में सैन्य कार्रवाई के भू-राजनीतिक और भू-रणनीतिक परिणामों पर भाषण देना शुरू कर दिया। परंतु विज जानते थे कि अंततः वह सेना के दृष्टिकोण से सहमत होंगे जैसा कि उन्होंने हमेशा किया है। घुड़सवार दस्ते के सदस्य रहे विदेश मंत्री यह सुनिश्चित करना चाहते थे कि सेना ने अपने सारे विकल्पों का सावधानी से आकलन कर लिया था। यह विचार-विमर्श एक घंटे चला, इसके बाद जसवंत सिंह अनिच्छा से इस बात पर

सहमत हो गए कि सियेरा लियोन में भारतीय सेना के पास अब सिर्फ़ सैन्य कार्रवाई का ही विकल्प बचा था। कैलाहुन में भारतीय सैनिक 'ब्लू हेलमेट्स' थे। संयुक्त राष्ट्र के शांति सैनिकों को आमतौर पर इसी तरह संबोधित किया जाता है परंतु वे अभी भी भारतीय सैनिक ही थे।

विदेश मंत्री और रक्षा मंत्री की सहमति के बाद प्रधानमंत्री अटल बिहारी वाजपेयी को इस योजना के बारे में जानकारी दी गई। वाजपेयी ने यह कहते हुए बात खत्म की कि बेहतर होगा कि सभी राजनीतिक दलों के नेताओं को विश्वास में लिया जाए और उन्हें वस्तुस्थिति के बारे में अवगत कराया जाए। जुलाई महीने के शुरू के दिनों में ही एक दिन दोपहर बाद, साउथ ब्लॉक में सर्वदलीय बैठक आयोजित हुई जिसमें अन्य नेताओं के साथ सोनिया गांधी और डॉ मनमोहन सिंह भी मौजूद थे। विदेश मंत्री जसवंत सिंह ने समस्या के राजनीतिक पहलुओं की जानकारी दी जबकि सेना से संबंधित बिंदुओं के बारे में विज ने बैठक में मौजूद नेताओं को बताया। हालांकि बैठक में इस ऑपरेशन के किसी भी विवरण की जानकारी नहीं दी गई, मोटे तौर पर सैन्य कार्रवाई की योजना की रूपरेखा ही राजनीतिक नेताओं के साथ साझा की गई थी।

राजनीतिक दलों के नेता लगातार सवाल कर रहे थे कि इस सैन्य कार्रवाई में हताहतों की संख्या कितनी होने का अनुमान है। विज का निरंतर एक ही कहना था: इसकी कोई गारंटी नहीं दी जा सकती, किसी भी ऐसी कार्रवाई में लोगों के हताहत होने की आशंका होती ही है परंतु विद्रोहियों के प्रशिक्षण के स्तर और उनके उपकरणों को देखते हुए यह न्यूनतम होगी। इसके साथ ही विज ने यह भी कहा कि सेना पूरी दृढ़ता

से महसूस करती है कि एक पेशेवर संस्थान के रूप में अपने सम्मान को अक्षुण बनाए रखने के लिए भारत को इस मामले को अपने हाथ में लेना ही होगा। अब समय आ गया है कि सैनिकों को वापस निकाला जाए और उनके हो रहे अपमान पर विराम लगाया जाए। एक घंटे चली मंत्रणा में सभी राजनीतिक दलों ने सर्वसम्मति से योजना का समर्थन किया जिस पर एक सप्ताह बाद अमल किया जाना था।

हालांकि इस अवसर पर राज्यसभा में प्रतिपक्ष के तत्कालीन नेता डॉ मनमोहन सिंह ने एक सवाल किया जिसके दूरगामी परिणाम हो सकते थे। उन्होंने कहा, 'पहला सवाल तो यही है कि हम सियेरा लियोन में हैं ही क्यों? इससे हमारा कौन सा रणनीतिक हित पूरा होता है?' विज के पास इसका कोई जवाब नहीं था परंतु जब वह सेनाध्यक्ष बने और डॉ मनमोहन सिंह प्रधानमंत्री थे तो सेना ने संयुक्त राष्ट्र की ज़िम्मेदारियों का चयन करने में अधिक सावधानी बरतनी शुरू कर दी, कुछ कामों से इन्कार किया जिनमें भारतीय सैनिकों को बहुत अधिक जोखिम होता।

यह भविष्य में दूर की बात थी। उस समय तो सियेरा लियोन में अराजकता और खूनी संघर्ष के बीच गोरखा राइफल्स के 223 सैनिक पहले से ही बहुत अधिक जोखिम में थे।

~

जेटली को अब संयुक्त राष्ट्र से दूसरी हरी झंडी की आवश्यकता थी। जेटली को टोगो की राजधानी लोम में अफ्रीकी यूनियन की बैठक में हिस्सा लेने के लिए कोफी अन्नान ने आमंत्रित किया था। अन्नान उन्हें अपने साथ ले गए और अन्य गणमान्य व्यक्तियों से उनका परिचय

कराया। जब जेटली को एकांत में महासचिव के साथ थोड़ा समय मिला तो उन्होंने इस नाजुक मसले को छेड़ा जिसके लिए वह वहां गए थे।

जेटली ने कहा, 'महामहिम, शांति सैनिकों को मुक्त कराने के लिए मुझे सैनिक कार्रवाई करने की आवश्यकता है। मुझे इसके लिए आपकी स्वीकृति चाहिए।'

अन्नान का कूटनीतिक जवाब था, 'जनरल, यह आपका निर्णय है।' साथ ही उन्होंने ज़ोर दिया कि सैन्य कार्रवाई में भारत के अलावा दूसरे देशों की सेना को भी इसमें शामिल करना होगा।

जेटली ने जवाब में कहा, 'धन्यवाद, महामहिम, मुझे जवाब मिल गया है।' वह वहां से चले गए। वह जानते थे कि यदि ऑपरेशन खुकरी में गड़बड़ी हुई तो वह बलि का बकरा बनेंगे। परंतु यदि वह सफल हो गए तो अन्नान और अन्य सभी इस सफलता के श्रेय के भागीदार होंगे। अपनी योजना के प्रति आश्वस्त जेटली ने सैन्य कार्रवाई को अंजाम देने का निर्णय लिया।

~

ऑपरेशन खुकरी कार्रवाई की सफलता बेहतरीन खुफिया सूचना पर निर्भर थी। कुइवा में बंधक बनाए गए 23 सैनिकों को वचन बद्धता के आधार पर मेडिकल राहत सामग्री और ढुलाई आपूर्ति के लिए जाने की दी गई अनुमति ईश्वर द्वारा भेजी गई मदद साबित हुई। इसने जेटली को संवेदनशील मार्गों पर आरयूएफ के विद्रोहियों की तैनाती और उनके पास उपलब्ध हथियारों के बारे में खुफिया जानकारी मुहैया कराई।

विद्रोहियों ने शुरू में संयुक्त राष्ट्र को कैलाहुन में हताहतों को वायु मार्ग से निकालने की भी अनुमति दी थी, जिसने जेटली के जवानों को

विद्रोहियों की तैनाती का आसमान से एक विहंगम दृश्य उपलब्ध कराया था। उन्होंने आरयूएफ विद्रोहियों की तैनाती से संबंधित ठिकानों की आसमान से तस्वीरें ही नहीं लीं बल्कि उन खुले इलाकों की भी तस्वीरें लीं जहां सैन्य कार्रवाई के दौरान संयुक्त राष्ट्र की सेनाओं को उतारा जा सकता था।

इस इलाके का और विद्रोहियों की तैनाती के बारे में विस्तृत विवरण उपलब्ध था, इसकी अन्य बारीकियों को 2 पैरा स्पेशल फोर्सेज़ के एक जांबाज़ नौजवान कमांडो ने पूरा कर दिया था।

पैरा कमांडो अधिकारी कैप्टन धीरज थापा ने गोरखा सैनिकों से अपनी विशिष्ट समानता का लाभ उठाया। आरयूएफ के स्थानीय विद्रोही को, जो विद्रोहियों की ओर से वार्ता कर रहा था, संयुक्त राष्ट्र का एक वाहन और एक गोरखा ड्राइवर एवं सहायक उपलब्ध कराया गया था। गोरखा ड्राइवर होने के बहाने थापा कैलाहुन छावनी में घुसपैठ करने में कामयाब हुए थे। वह ब्रिटिश एसएएस के दल द्वारा उपलब्ध कराए गए एक डिजिटल कैमरे और नक्शों से लैस थे।

दो सप्ताह तक कैप्टन थापा एक ड्राइवर के भेष में वहां रहे और इस दौरान वो आरयूएफ कमांडर के सेवक की तरह काम करते रहे और कैलाहुन तथा दारू के बीच यात्रा करते रहे तथा इस दौरान महत्वपूर्ण ठिकानों और इलाके के बारे में सूचनाएं भी एकत्र करते रहे। उन्होंने बंधकों के ठिकाने और हवाई मार्ग से उतरने के संभावित इलाकों, विद्रोहियों की चौकियों तथा सैन्य महत्व के अन्य स्थानों की तस्वीरें भेजीं। यह बहुत ही खतरनाक काम था और अंतत: आरयूएफ विद्रोहियों को भनक लग गई कि स्पेशल फोर्सेज़ का एक सदस्य उनके

बारे में सूचनाएं एकत्र कर रहा है। परंतु इससे पहले कि वे यह पता लगा सकें कि वह कौन है, 2 पैरा स्पेशल फोर्सेज़ ने थापा को बाहर निकाल लिया।

अब जेटली के पास दुश्मन की तैनाती और उसके इलाके की साफ तस्वीर थी। वह जानते थे कि विद्रोहियों का ब्रिगेड मुख्यालय पेंडेंबू में है जो दारू और कैलाहुन के मध्य में है। हालांकि किसी भी दूसरे सैन्य कमांडर की तरह ही वह भी महसूस करते थे कि और अधिक खुफिया जानकारी की ज़रूरत है। उन्होंने इलाके की सैटेलाइट तस्वीरें हासिल करने का बहुत प्रयास किया परंतु इसमें विफल रहे। थापा को जोखिम में डालने और विद्रोहियों द्वारा भारतीय शांति सैनिकों को कहीं आने जाने की अनुमति नहीं देने के कारण जेटली को अब कोई भी अतिरिक्त सूचना उपलब्ध नहीं हो रही थी। उन्हें अब अपने पास उपलब्ध सूचनाओं के आधार पर ही काम करना था।

संयुक्त राष्ट्र मिशन में, जहां कोई भी किसी पर पूरा भरोसा नहीं कर रहा था, ज़बर्दस्त राजनीति से बुरी तरह प्रभावित जेटली अपनी सैन्य कार्रवाई की जानकारी लीक होने की आशंका से परेशान थे। उन्हें इसे गोपनीय रखने के लिए अतिरिक्त प्रयास करने पड़ रहे थे। उन्होंने आदेनीजी और किसी अन्य विदेशी दल के साथ उनके बार-बार ज़ोर देने के बावजूद इसे साझा नहीं किया। जेटली पर अपनी योजना का खुलासा करने के लिए विशेष रूप से ब्रिटिश उच्चायुक्त द्वारा दबाव डाला जा रहा था क्योंकि कैलाहुन में बंधक बनाए गए 11 सैन्य पर्यवेक्षकों में उनका भी एक सैन्य अधिकारी शामिल था। जैसा कि पहले ही ज़िक्र किया गया है कि इस अधिकारी के साथ विद्रोहियों ने

बहुत ही बुरा सलूक किया था। इससे पहले, ब्रिटेन ने भारतीय दल से कुछ गोला बारूद उपलब्ध कराने के लिए जेटली पर दबाव डाला था परंतु उन्होंने इन्कार कर दिया था। यह मामला सियेरा लियोन के राष्ट्रपति तक गया था परंतु जेटली टस से मस नहीं हुए। इसलिए ब्रिटिश दल के साथ उनके रिश्ते पूरी तरह मित्रता वाले नहीं थे।

ठंडे रिश्ते होने के बावजूद ब्रिटिश जेटली की योजनाओं के बारे में जानने के लिए बेहद उत्सुक थे ताकि वे अपने सैन्य अधिकारी को छुड़ा सकें। जेटली को भी ब्रिटिश पक्ष से कुछ चीज़ों की दरकार थी: उनके चिनूक हेलीकॉप्टर क्योंकि भारतीय सेना के सोवियत मूल के हेलीकॉप्टर रात में या फिर खराब मौसम में उड़ान भरने में सक्षम नहीं थे। अंततः एक समझौता हुआ जो दोनों पक्षों के अनुकूल था। जेटली अपने अभियान में एसएएस के कुछ सदस्यों को शामिल करेंगे और इसके एवज़ में ब्रिटिश सेना इस कार्रवाई के लिए अपने दो चिनूक हेलीकॉप्टर उपलब्ध कराएगी। ऑपरेशन खुकरी को अब शुरू किया जाना था।

~

जेटली का अनुमान था कि सैन्य कार्रवाई वाले इलाके में विद्रोहियों की संख्या 1700-1800 थी। इनमें अधिकतर ठीक तरह से प्रशिक्षित नहीं थे और उनके पास सिर्फ़ छोटे हथियार थे। उनके पास कोई तोपखाना, टैंक या वायु सुरक्षा साधन नहीं थे। इसके विपरीत, जेटली के पास भारतीय पैदल सेना की दो बटालियन (गोरखा राइफल और 18 ग्रेनेडियर्स) नाइजीरिया और घाना की सेना की दो दो कंपनियां, एक त्वरित प्रतिक्रिया कंपनी, एक मैकेनाइज़्ड इन्फैन्ट्री कंपनी, एक

समेकित तोपखाना बैटरी, एक इंजीनियर कंपनी एक चालित सर्जिकल इकाई और भारतीय उड्डयन की एक इकाई उपलब्ध थी। इसके अतिरिक्त, उनके पास 2 पैरा स्पेशल फोर्सेज़ का दल भी था।

जेटली के पास 1963 सैनिकों की लड़ाकू फौज थी और इसके अलावा 308 सदस्यों का सहायक दस्ता था। इस तरह से आरयूएफ विद्रोहियों के साथ लड़ाई के मैदान में इनकी क्षमता 1:1 की थी जबकि पारंपरिक युद्ध की स्थिति में किसी भी हमले की सफलता के लिए यह 3:1 का अनुपात होना चाहिए। परंतु निश्चित ही जेटली विद्रोहियों के मुकाबले बेहतर स्थिति में थे। उनके जवानों के पास युद्धक हेलीकॉप्टर, परिवहन हेलीकॉप्टर, तोपखाना और मैकेनाइज़्ड इन्फैन्ट्री (पैदल) सेना और विशेष बल थे। ब्रिटिश सेना के दो चिनूक हेलीकॉप्टर और विद्रोहियों की संचार व्यवस्था को अवरुद्ध करने के लिए एक सी-130 हरक्यूलिस विमान सेना की ताकत बढ़ाने में मददगार था। इसके अतिरिक्त, जेटली ने संयुक्त राष्ट्र के एमआई-8, एमआई-17 और एमआई-26 के हेलीकॉप्टरों का बेड़ा भी ले रखा था।

जेटली बार-बार इस बात पर ज़ोर देते थे कि सैन्य कार्रवाई 'बहुराष्ट्रीय, बहुआयामी और बहुमुखी है।'

सैन्य कार्रवाई के लिए निश्चित दिन 15 जुलाई, 2000 को मूल योजना के अंतर्गत विद्रोहियों के ब्रिगेड मुख्यालय पेंडेंबू और कैलाहुन पर ब्रिटिश हेलीकॉप्टरों से पहले हमला किया जाना था। परंतु ब्रिटिश पक्ष ने ऐसा करने से यह कहते हुए इन्कार कर दिया कि इससे ऑपरेशन खुकरी का अचंभित करने वाला तत्व खत्म हो जाएगा, इसलिए इस अभियान में बदलाव किया गया और कैलाहुन के निकट केनेवा में 2

पैरा स्पेशल फोर्सेज़ के हमलावर दल को उतारने और केनेवा-कैलाहुन मार्ग का नियंत्रण अपने हाथ में लेने का निर्णय लिया गया। इस मार्ग का इस्तेमाल बाद में गोरखा सैनिकों के बाहर निकलने के लिए होना था। उन्हें ब्रिटिश चिनूक हेलीकॉप्टरों का इस्तेमाल करके वहां पहुंचना था, जो इसके बाद थापा और पांच अन्य पैरा कमांडो के साथ कैलाहुन जाएगा क्योंकि उन्हें ही क्षेत्र की सही जानकारी थी और निहत्थे सैन्य पर्यवेक्षकों, घायल और बीमार भारतीय सैनिकों और युद्धक सामान को वहां से लेगा। कैलाहुन छावनी से गोरखा बटालियन के शेष सदस्यों को थापा और उनके दल की सहायता से दक्षिण की ओर दारू की दिशा में निकल भागना था, इससे आरयूएफ के गढ़ वाले इलाके के 70 किलोमीटर लंबे रास्ते में कड़ा संघर्ष अपरिहार्य हो जाने वाला था।

केनेवा का नियंत्रण अपने हाथ में लेने के बाद 2 पैरा स्पेशल फोर्सेज़ के इस आक्रामक दल को कैलाहुन शहर में गोरखा सैनिकों से मिलकर दारू लौटने के लिए उनके संघर्ष में मदद करनी थी। उम्मीद थी कि यह सैन्य कार्रवाई 30 घंटे चलेगी। परंतु इस तरह की कार्रवाई शायद ही कभी योजना के अनुरूप चलती है और ऑपरेशन खुकरी भी कोई अपवाद नहीं था। 14 जुलाई की रात में, मौसम खराब हो गया, बादल काफी नीचे थे और मूसलाधार बारिश हो रही थी। पैरा कमांडो 15 जुलाई के तड़के तीन बजे हवाई अड्डे पर पहुंच गए और दो चिनूक हेलीकॉप्टरों में सवार हो गए। हरक्यूलिस सी-130 ने विद्रोहियों के सभी रेडियो सिग्नल अवरुद्ध करने के लिए सवेरे चार बजे उड़ान भरी। बारिश इतनी तेज़ थी कि पैरा कमांडो मुखर्जी ने एसएएस से पूछा कि क्या हेलीकॉप्टर उड़ान भरेगा भी। वह उस समय विस्मित हो गए

जब एसएएस के सदस्य ने सकारात्मक जवाब दिया। दो चिनूक हेलीकॉप्टरों ने सवेरे 5 बजकर 20 मिनट पर उड़ान भरी। मुखर्जी को याद आता है कि इस उड़ान ने मोआ नदी के बहने के रास्ते का अनुसरण किया और दूसरा हेलीकॉप्टर क्षितिज में दिखाई पड़ रहा था। वह कहते हैं, 'यह पूरी तरह से हालीवुड सिनेमा का दृश्य था।'

मुखर्जी और उनके दल के सदस्यों ने एसएएस और चिनूक हेलीकॉप्टरों के साथ दो दिन अभ्यास किया। भारतीय कमांडो धीमी रस्सी के सहारे हेलीकॉप्टरों से नीचे उतरने के अभ्यस्थ थे – पर्वतारोहियों द्वारा चढ़ाई में प्रयुक्त होने वाली परस्पर गुंथी हुई रस्सी के दो सेटों को नीचे गिराने के लिए नरम दस्तानों का इस्तेमाल करते थे। जब उन्होंने अभ्यास के दौरान पहली बार चिनूक हेलीकॉप्टर से लटक रही मोटी रस्सियों के लिए नरम दस्तानों के उपयोग का प्रयास किया तो मुखर्जी इतनी तेज़ी से नीचे आए कि उन्हें रस्सी पकड़ने और नीचे गिरने की प्रक्रिया को धीमा करने के लिए अपने पैरों का इस्तेमाल करना पड़ा। उनके दो कमांडो बगल वाली रस्सियों पर इतने खुशकिस्मत नहीं थे। उनमें से एक ने अपनी कमर तोड़ ली तो दूसरे ने अपना घुटना ज़ख्मी कर लिया क्योंकि वे धम्म से हवाई पट्टी पर गिरे थे। पैरा कमांडो ने इसके बाद अपने अभ्यास में बदलाव किया। उन्होंने नीचे उतरने की प्रक्रिया को धीमा करने के लिए अपने पैरों का इस्तेमाल करना शुरू कर दिया।

हेलीकॉप्टरों का नेतृत्व करने वाला चिनूक अपने गंतव्य के निकट पहुंच रहा था और एसएएस के सार्जेंट ने मुखर्जी को जाने के लिए पांच मिनट की चेतावनी दी। अपने गंतव्य के निकट पहुंचने पर मुखर्जी यह

देख सकते थे कि हेलीकॉप्टर पूरे वेग के साथ जंगल में नीचे जा रहा था। जब तक वे अपने लक्ष्य पर पहुंचते, हेलीकॉप्टर वास्तव में पेड़ों के बीच पहुंच गया था और नीचे की ओर उतर रहा था क्योंकि दबाव से पेड़ झुक गए थे और टूट गए थे।

कानफोड़ू शोर के बीच, एसएएस सार्जेंट ने मुखर्जी के सामने अपना हाथ किया और अपनी उंगलियों से संकेत दिया: पांच, चार, तीन, दो, एक। मुखर्जी सबसे पहले नीचे की ओर उतरे। उन्होंने अपने दल के सदस्यों से कहा था कि आगे बढ़ने के बारे में उनका संकेत मिलने तक वे इंतज़ार करें परंतु उत्तेजना के क्षणों में किसी ने भी इसका इंतज़ार नहीं किया। वे मुखर्जी के तुरंत बाद नीचे उतरने लगे। मुखर्जी ने जीपीएस पर नज़र डाली। उनके दल के 40 सदस्य ठीक उसी स्थान पर उतरे जहां उतरने का निर्णय किया गया था। वह स्थान था केनेवा में सड़क के निकट। उन्होंने अपने दल के सदस्यों को तैनात किया और उनसे कहा कि छल बम (बूबी ट्रैप) और परिष्कृत विस्फोटक उपकरण बिछा दें। इस बीच, थापा और उनके पांच अन्य कमांडो के साथ चिनूक हेलीकॉप्टर ने कैलाहुन की ओर उड़ चला।

चिनूक हेलीकॉप्टरों के शोर ने कैलाहुन में आरयूएफ विद्रोहियों को चेतावनी दे दी थी परंतु सवेरे के समय वे आलसी हो रहे थे। थापा कैलाहुन में उतरे जहां सैन्य पर्यवेक्षक और भारतीय शांति सैनिक पहले से ही उनका इंतज़ार कर रहे थे। उन्हें एक दिन पहले ही शाम को रेडियो पर संदेश दे दिया गया था कि वे निकलने के लिए तैयार रहें और कोई भी महत्वपूर्ण सैन्य उपकरण अपने पीछे नहीं छोडें। थापा और उनके आदमी ज़ोरदार गोलीबारी करके विद्रोहियों पर काफी प्रभावी तरीके

विद्रोहियों से निबटे और एसएएस द्वारा उपलब्ध कराए गए फॉस्फोरस गोलों का खुल कर इस्तेमाल किया। सैन्य पर्यवेक्षक और कुछ बीमार शांति सैनिक चिनूक हेलीकॉप्टर पर सवार होने में कामयाब रहे जिसने इसके बाद सुरक्षा के लिए उड़ान भर ली। ब्रिटिश शांति सैनिकों के हेलीकॉप्टर पर होने की वजह से भारतीय जानते थे कि ब्रिटिश अब उन्हें अपने हेलीकॉप्टर का और इस्तेमाल नहीं करने देंगे। सवेरे सवा छह बजे, घेरेबंदी में फंसे गोरखा जवान, थापा और उनके दल के सदस्यों द्वारा छावनी की दीवार में बनाए गए रास्ते से जीपों और ट्रकों में सवार होकर शिविर से बाहर निकलने में कामयाब रहे। वे सवेरे आठ बजे कैलाहुन में मुखर्जी के दल के सदस्यों से मिले। दो सौ से अधिक सदस्यों वाली पूरी सैन्य टुकड़ी, जो 75 दिन से घेरेबंदी में थी, वापसी की अपनी यात्रा शुरू करते समय अब पैरा कमांडो के दो समूहों के बीच पूरी तरह सुरक्षित थी। जैसा कि पहले ज़िक्र किया गया है, मुखर्जी पीछे से टुकड़ी की सुरक्षा कर रहे थे जहां से विद्रोहियों के हमला करने की सबसे अधिक आशंका थी।

सेना की इस टुकड़ी की आगे बढ़ने की रफ्तार धीमी थी क्योंकि रास्ता बहुत ही खराब था और वाहन भी बार-बार कीचड़ में धंस रहे थे। विद्रोही अंततः बचकर निकले सैनिकों तक पहुंच गए और उन्होंने फायरिंग शुरू कर दी। 45 मिनट तक आरयूएफ की लगातार फायरिंग से अपना बचाव करने के बाद भारतीय सैनिक भारतीय वायु सेना के लड़ाकू हेलीकॉप्टर से संपर्क करने में कामयाब हो गए जो खराब मौसम के कारण उस समय तक उड़ान नहीं भर सका था। अब आसमान साफ हो गया था। भारतीय वायु सेना के पायलट ने मुखर्जी

से कहा, इस काफिले में सिर्फ़ उन्हीं के पास एक रेडियो सेट था, कि वह उस क्षेत्र का संकेत दें जिसके आगे उनके लिए हवाई हमला करना सुरक्षित था। एसएएस ने पैरा कमांडो को कुछ रंगबिरंगे फॉस्फोरस वाले गोले दिए थे और मुखर्जी ने अपने हाथ में आया पहला हथगोला फेंका। इस हथगोले से नारंगी धुआं निकला। उन्होंने पायलट से कहा, 'नारंगी धुएं के उत्तर का सारा इलाका दुश्मन का है। आप जैसा ठीक समझें उनके साथ वैसा करें।'

लड़ाकू हेलीकॉप्टरों ने रॉकेट और बंदूकों से हवाई हमला शुरू कर दिया और तत्काल ही दो किलोमीटर की सड़क खाली कर दी और इसके बाद भी दो घंटे से अधिक समय तक विद्रोहियों पर गोले बरसते रहे। चूंकि इन लड़ाकू हेलीकॉप्टरों की स्थिर रहने की क्षमता सीमित थी, इसलिए हमले की गति बनाए रखने के लिए बारी-बारी से एक दूसरे को आराम भी पहुंचा रहे थे। भारतीयों ने सियेरा लियोन की सेना के दो लड़ाकू हेलीकॉप्टरों को 700 राकेट दिए थे, जिनका संचालन दक्षिण अफ्रीकी किराए के सैनिक कर रहे थे। इसके बाद तो यहां सबको खुली छूट थी।

एक चीता हेलीकॉप्टर में सवार जेटली उस समय आसमान में ही थे जब पैरा कमांडो के संरक्षण में चल रहे करीब 200 गोरखा सैनिक सवेरे साढ़े दस बजे गेहुन में 18 ग्रेनेडियर्स की टुकड़ी से मिले। जेटली ने उनसे वहीं मुलाकात की। ग्रेनेडियर्स की टुकड़ी ने हेलीकॉप्टर से की गई कार्रवाई में सवेरे आठ बजे गेहुन पर कब्ज़ा कर लिया था। 65 गोरखा सैनिकों को हेलीकॉप्टर से सुरक्षित पहुंचाया गया जबकि शेष सैनिकों ने पेंडेंबू, विद्रोहियों के ब्रिगेड मुख्यालय, में भारतीय सैनिकों

के साथ मिलने के लिए सड़क मार्ग से कूच किया।

परंतु गोरखा सैनिकों के भारतीय सेना के साथ मिलने की योजना में विलंब हो गया क्योंकि विद्रोहियों ने गेहुन और पेंडेंबू के बीच जगह जगह सड़क खोद दी थी और उन्होंने खुद सड़कों के अवरोधों के पास ही घने जंगलों में मोर्चेबंदी कर रखी थी। जेटली ने अपनी सैपर कंपनी (खंदक खोदने वाली टुकड़ी) को सड़कों पर बनाए गए गड्ढों की मरम्मत के लिए लचीले डक बोर्ड आगे लाने का आदेश दिया जिसकी वजह से गोरखा सैनिक अपने वाहनों में आगे बढ़ते रहे और मुखर्जी इस काफिले पर पीछे से निगरानी कर रहे थे। जेटली विद्रोहियों के रेडियो संचार नेटवर्क से हैरान थे, जो उनके आदमियों को तेज़ी से आगे बढ़ने में मदद कर रहा था। ज़मीन और हवा से मार करने की संयुक्त राष्ट्र की ज़बर्दस्त मारक क्षमता का मुकाबला करना, आरयूएफ विद्रोहियों के बूते से बाहर की बात थी।

कैलाहुन की टुकड़ी को हेलीकॉप्टर से ले जाने का रास्ता साफ करने के लिए 5-8 गोरखा राइफल्स को पेंडेंबू पर कब्ज़ा करना ज़रूरी था। परंतु आरयूएफ के विद्रोहियों ने पेंडेंबू में गोरखा सैनिकों का ज़बर्दस्त प्रतिरोध किया। इस वजह से पेंडेंबू पर कब्ज़ा करने में शाम सात बजे तक का विलंब हुआ। इस वजह से सभी टुकड़ियों को रात में पेंडेंबू में ही रुकने के लिए मजबूर होना पड़ा जहां उन्हें विद्रोहियों की ज़बर्दस्त गोलाबारी का सामना करना पड़ा। दो अवसरों पर एकजुट हुए आरयूएफ विद्रोहियों को स्काउट हेलीकॉप्टर ने पेंडेंबू की ओर बढ़ते देखा और उसने एमआई-35 हेलीकॉप्टरों को रॉकेट और बंदूकों से हमला करने का निर्देश दिया ताकि उन्हें आगे बढ़ने से रोका जा सके।

विद्रोहियों के किसी भी हमले को विफल बनाने के लिए शहर की ओर जाने वाले रास्तों पर पूरी रात मोर्टार और 105 एमएम की हल्की मशीनगन से गोले दागे गए।

अगले दिन, विद्रोहियों की घेरेबंदी में 75 दिन गुज़ारने वाले गोरखा सैनिकों को हेलीकॉप्टर से दारू ले जाया गया जहां से पैरा कमांडो की टुकड़ी फ्रीटाउन भेजी गई। मुख्य सैन्य कार्रवाई संपन्न होने के बाद उसी दिन दोपहर बाद भारतीय पक्ष को एक सैनिक की जान गंवानी पड़ी, जब एक दूसरे इलाके में विद्रोहियों द्वारा रॉकेट से दागा गया एक गोला उनके एक वाहन से जा टकराया। इसके अलावा, इस सैन्य कार्रवाई में सिर्फ़ सात अन्य लोग ज़ख्मी हुए थे। इसके विपरीत, संयुक्त राष्ट्र के शांति सैनिकों ने एक ही दिन में 34 विद्रोहियों को मार गिराया था और 150 अन्य को ज़ख्मी करके आरयूएफ की कमर तोड़ दी थी। विद्रोहियों के कब्ज़े से सतह से हवा में मार करने वाली एक मिसाइल, चार रॉकेट प्रोपेल्ड ग्रेनेड, 12 एके-47 राइफल, छह साधारण मशीन गन, तीन भारी मशीन गन और बारूदी सुरंग निरोधक सामग्री सहित भारी मात्रा में हथियार बरामद किए थे जिसने भविष्य में उनकी लड़ने की क्षमता को कमज़ोर कर दिया था। हालांकि, इससे कहीं अधिक महत्वपूर्ण सियेरा लियोन के नागरिकों को यह संदेश देना था कि संयुक्त राष्ट्र की सेना आरयूएफ के गढ़ में घुसकर हमला कर सकती है। इसने विद्रोहियों के हौसले बुरी तरह पस्त कर दिए थे।

~

2 पैरा स्पेशल फोर्सेज़ का काम हो गया था। उसके कमांडो, सुदूर अफ्रीकी देश में चार महीने बिताकर भारत लौट आए। ऑपरेशन

खुकरी ने भारतीय सेना और वायु सेना ने अंतरराष्ट्रीय मंच पर अपनी पेशेवर क्षमता सिद्ध कर दी थी। हिंसाग्रस्त इस देश में शांति अभी भी कुछ साल दूर थी परंतु इसने आरयूएफ के प्रभुत्व का भ्रम तोड़ दिया और विद्रोहियों को बातचीत की मेज़ पर ले आया।

रक्षा मंत्री जार्ज फर्नांडीज़ इस सैन्य कार्रवाई में शामिल हुए भारतीय जवानों का सम्मान करने के लिए फ्रीटाउन गए। इस सफल सैन्य कार्रवाई के लिए पूरी दुनिया ने भारतीय सेना की भूरि भूरि प्रशंसा की। संयुक्त राष्ट्र महासचिव कोफी अन्नान ने भी 17 जुलाई, 2000 को जेटली को एक पत्र लिखा जिसमें कहा गया था:

"मैं आपके पेशेवर तरीके से की गई कार्रवाई के लिए अपनी कृतज्ञता और आभार प्रकट करता हूं जिसमें आप, आपके सैन्य स्टाफ और मौके पर सेना ने कैलाहुन में घेरेबंदी में फंसे शांति सैनिकों को बाहर निकालने की रणनीति तैयार की और उस पर अमल किया। हमारी ओर के बहुत कम लोगों के हताहत होने का तथ्य आरयूएफ से मिलने वाली किसी भी चुनौती से निबटने के प्रति हमारी सेना के दृढ़निश्चय और मज़बूती को स्पष्ट दर्शाता है।"

लेकिन सबसे अच्छी बधाई सियेरा लियोन की जनता से मिली जिसने मोआ नदी के तट पर खुकरी युद्ध स्मारक बनाने में मदद की। यह भारत से दस हज़ार किलोमीटर दूर भारतीय सैनिकों द्वारा की गई साहसी कार्रवाई का सबसे उत्तम पुरस्कार था।

आभार

'जब तक आप लिखना शुरू न कर दें, आपको पता नहीं होता कि आप क्या लिखने जा रहे हैं।' यह बात जिसने भी कही है, सही कही है। सारी किताबों की तरह, मिशन ओवरसीज़ भी खूब सारे उत्साह के साथ शुरू हुई थी, लेकिन मैं इसे पूरा कर पाया तो इसमें प्यार, किस्मत और मेहनत का बहुत बड़ा योगदान है।

इस किताब के बीज एक फौजी से इतिहासकार बने श्रीनाथ राघवन से मेरी बातचीत के दौरान पड़े थे, जिन्होंने मुझे इस चुनौती को कबूल करने में अहम भूमिका निभाई। न सिर्फ उन्होंने प्रकाशकों को मेरा नाम सुझाया, और यह बात मुझे कभी नहीं बताई, वो हर तरह की मदद के लिए हमेशा तैयार रहे। किताब के लिखे जाने के दौरान उन्होंने मेरा हौसला बढ़ाया, बारीक सूझ-बूझ की बातें बताईं और शोध में मदद की।

रोनेन सेन, ए.के. बनर्जी, जेन. एन.सी. विज, ले. जेन. विनोद भाटिया, ले. जेन. वी.के. जेटली, मेज. जेन. श्योनन सिंह, मेज. जेन. दलबीर सिंह, ग्रुप कैप्टन ए.के. चोर्दिया, कर्नल रणबीर भदौरिया, कर्नल अजय मुखर्जी और अनेक दूसरे लोगों ने, जिन्होंने अपने नाम का ज़िक्र न करने का अनुरोध किया, इन अभियानों की विस्तृत निजी कहानियों को मेरे साथ बांटने और सूचनाएं देने के लिए वक्त निकालने की उदारता दिखाई। उन लोगों का खास शुक्रिया, जिन्होंने इन अभियानों के बारे में पुराने दस्तावेज़ों और जारी नहीं किए गए आधिकारिक कागज़ात को मेरे साथ साझा किया, ताकि मैं विदेशों में चलाए गए इन अभियानों की एक बेहतर तस्वीर हासिल कर सकूं।

यह अपने दोस्तों – सारा फारूक़ी, अंकुर भारद्वाज, सीमा चिश्ती, मिहिर शर्मा, अरुणा उर्स, सचिन कलबाग, नितिन पई और स्मिता प्रकाश का शुक्रिया अदा करने का मौका भी है, जिन्होंने हरदम मुझे एक किताब लिखने के लिए उकसाया और विचारों, सुझावों, सलाहों और खूब सारे भरोसे से मेरी मदद की। उम्मीद करता हूं कि अब वे कुछ समय तक शांत रहेंगे।

यह किताब दो संगठनों के बिना मुमकिन नहीं थी जिनके साथ काम करते हुए मुझे बहुत अच्छा लगा है: भारतीय सेना जिसमें मैंने दो दशकों तक काम किया है और द *इंडियन एक्सप्रेस,* जिसके साथ मैंने उससे कम समय तक काम किया है। इन दोनों संस्थानों में मेरे साथ काम करने वाले हरेक सहकर्मी ने मुझे गहरे तक समृद्ध किया है और मुझे उम्मीद है कि इस किताब में किसी न किसी रूप में इसकी झलक मिलेगी। द इंडियन एक्सप्रेस में राज कमल झा और उन्नी राजन शंकर को इस किताब को मुमकिन बनाने के लिए शुक्रिया।

अपनी प्रकाशक चिकी सरकार और संपादकों नंदिनी मेहता और पार्थ मेहरोत्रा का शुक्रिया, काम करने के लिहाज से इनसे बेहतर प्रोफेशनल लोगों की उम्मीद नहीं की जा सकती थी। इस जुड़ाव से मैं प्यार और सम्मान करता हूं।

अपने अभिभावकों और अपने भाई, प्रशांत का शुक्रिया, उम्मीद है कि यह कोशिश कुछ न कुछ उन सारी छूटों की भरपाई करेगी, जो परिवार में सबसे छोटा होने के नाते मैं बरसों से उठाता आया हूं।

सबसे ऊपर मेरी जीवनसाथी साक्षी का शुक्रिया, जिनके बिना न सिर्फ़ यह किताब, बल्कि ज़िंदगी की ज़्यादातर चीज़ें अधूरी रह गई होतीं।

लेखक परिचय

सुशांत सिंह द *इंडियन एक्सप्रेस* में असोसिएट एडीटर हैं। भारतीय सेना में रहते हुए उन्होंने जम्मू कश्मीर में दो दशकों तक और संयुक्त राष्ट्र में सैन्य पर्यवेक्षक के रूप में काम किया है।

अनुवादक परिचय

अनुप कुमार भटनागर तीन दशकों से भी अधिक समय से कार्यरत वरिष्ठ पत्रकार हैं। इस समय वह पीटीआई भाषा के साथ जुड़े हुए हैं। इससे पहले *हिन्दुस्तान* और *नई दुनिया* समाचार पत्र में महत्वपूर्ण पद पर काम कर चुके हैं। वह दो पुस्तकों का अनुवाद कर चुके हैं।